HIGHLIGHTS IRLAND

DIE 50 ZIELE, DIE SIE GESEHEN HABEN SOLLTEN

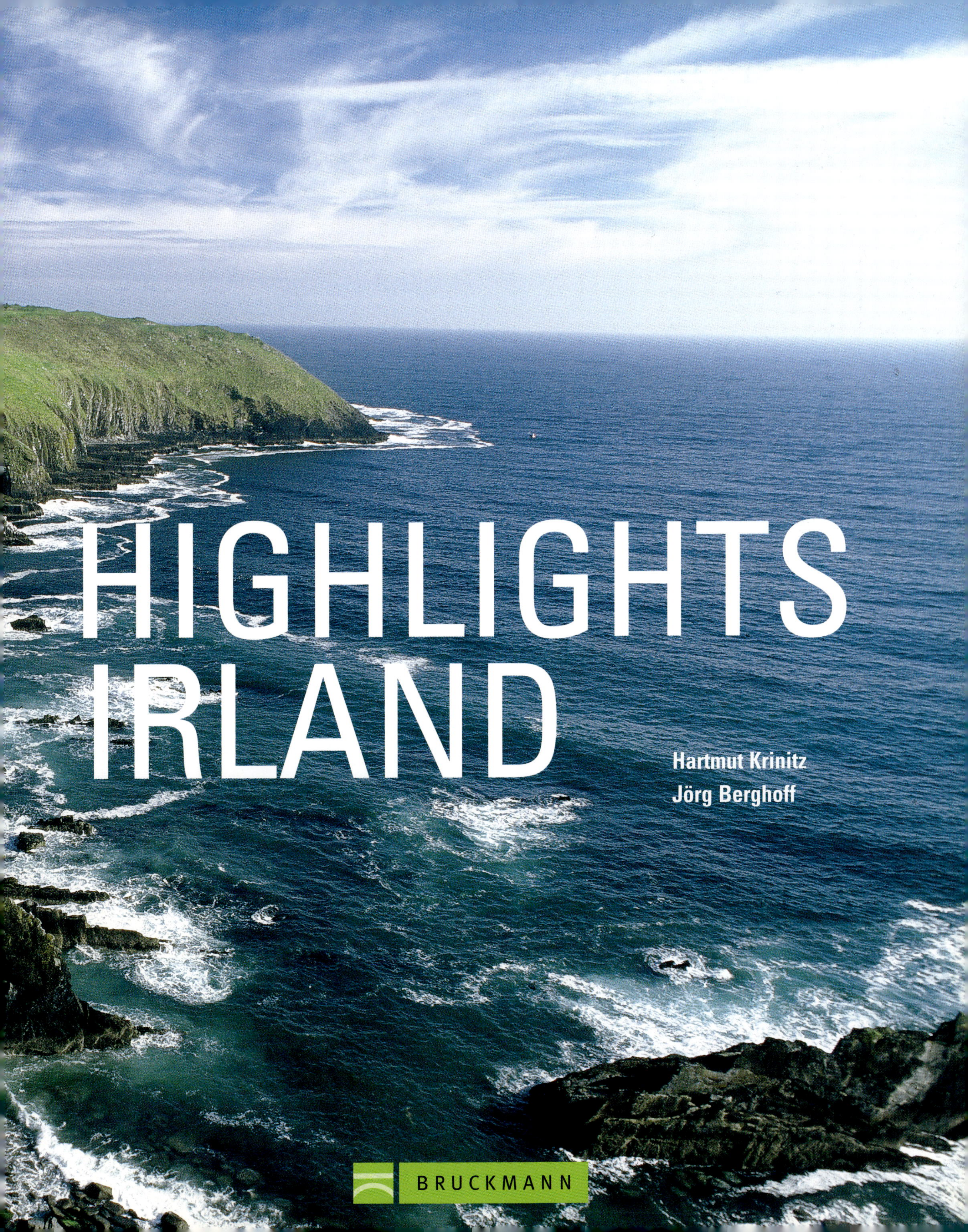

HIGHLIGHTS IRLAND

Hartmut Krinitz
Jörg Berghoff

BRUCKMANN

Die Farbe Grün erscheint in Irland in zahlreichen Variationen. Mit dem goldfarbenen Ginster (oben), den Regenwolken am Leuchtturm Fanad Head (Mitte) oder an den Segelschiffen in Howth (unten) ergeben sich faszinierende Panoramen, die von einer zeitlosen Schönheit geprägt sind ...

Inhaltsverzeichnis

… und die an der St. Finan's Bay und den Skellig Islands (oben) dramatische Küstenszenerien bereithalten. Das saftige Grün wissen auch die Esel zu schätzen (Mitte), während der Pub-Besucher mit Live-Musik verwöhnt wird. (unten)

1 Dublin – Stadt am Liffey

2 Dublin Pub Crawl

3 Dublin – Trinity College

4 Powerscourt House und Gardens

5 Hill of Tara

6 Glendalough, Wicklow Mountains

7 Boyne Valley, Newgrange, Slane

8 Monasterboice und Mellifont

9 Hook Head

10 Ardmore

11 Rock of Cashel

12 Kilkenny und Jerpoint

13 Clonmacnoise

14 River Shannon

15 Cork City

16 Bantry House

17 West Cork

18 Beara-Halbinsel

19 Killarney National Park

20 Iveragh-Halbinsel

21 Skellig Islands

22 Dingle Town und Halbinsel

23 Blasket Islands

24 Cobh und Roche's Point

25 Cliffs of Moher

26 Burren

27 Aran Islands

28 Galway City

29 Connemara

30 Maam-Cross-Schafmarkt

31 Killary Harbour

32 Clare Island

33 Croagh Patrick mit Wallfahrt

34 Clew Bay

35 Westport

36 Fanad-Halbinsel

37 Achill Island

38 Belmullet und Mayos Moore

39 Yeats Country und County Sligo

40 Carrowkeel und Sai Donkey Sanctuary

41 Donegals Süden

42 Inishowen-Halbinsel und Malin Head

43 Tory Island

44 Upper und Lower Lough Erne

45 Derry

46 Giant's Causeway

47 Antrim Coast

48 Glens of Antrim

49 Belfast

50 Florence Court und Boa Island

PROVINZEN UND GRAFSCHAFTEN
0
50
N
Staatsgrenze
Provinzgrenze
Grafschaftsgrenze
DONEGAL
Lifford
Derry
Antrim
Tyrone
ULSTER
Belfast
Sligo
SLIGO
Fermanagh
Armagh
Down
MAYO
LEITRIM
Monaghan
MONAGHAN
Carrick-on-Shannon
Cavan
CAVAN
Dundalk
Castlebar
ROSCOMMON
Longford
LONGFORD
LOUTH
Roscommon
Mullingar
Navan
MEATH
CONNAUGH
WESTMEATH
DUBLIN
Galway
Tullamore
LEINSTER
Dublin
GALWA
OFFALY
Naas
KILDARE
Port Laoise
LAOIS
WICKLOW
Wicklow
CLARE
Ennis
Carlow
Kilkenny
CARLOW
Limerick
TIPPERARY
KILKENNY
LIMERICK
Clonmel
WEXFORD
Tralee
Wexford
KERRY
MUNSTER
Waterford
WATERFORD
CORK
Cork
North Channel
TORY ISLAND
43
FANAD-HALBINSEL
Malin Head
Bloody Foreland
36
42
Malin
INISHOWEN-HALBINSEL
ARAN ISLAND
Culdaff
Buncrana
GLENVEAGH-NATIONALPARK
Milford
Greencastle
Giant's Causeway
Moville
Portrush
46
Rathmelton
Grianan of Aileach
Ballycastle
Portnoo
Letterkenny
Coleraine
Derry (Londonderry)
45
Ardara
Stranorlar
Antrim Coast
Glens of Antrim
Bann
47
48
Killybegs
Donegal
41
Donegal Bay
NORD-IRLAND
Belmullet
Ballycastle
BOA ISLAND
Omagh
Larne
38
Bangor
Antrim
ACHILL ISLAND
37
Keel
Mayo
Lough Erne
44
Sligo
39
Ballina
Lough Conn
Florence Court
Lough Neagh
Mulrany
Yeats Country
Enniskillen
49
Belfast
CLARE ISLAND
32
Clew Bay
34
Newport
40
50
Croagh Patrick
33
35
Castlebar
Charlestown
Armagh
Westport
Ulster Canal
31
Killary Harbour
Boyle
Kylemore Abbey
Downpatrick
Clifden
Leenane
Claremorris
Newry
Ballinrobe
Cavan
30
Cong
Suck
Longford
Dundalk
ATLANTISCHER OZEAN
Maam Cross
Oughterard
Tuam
Roscommon
29
Lough Ree
Royal Canal
Castle-pollard
Dundalk Bay
Connemara
Kells
8
Monasterboice
Cashel Bay
28
Boyne Valley
Galway
ARAN ISLANDS
27
Athlone
7
Drogheda
Mullingar
Newgrange
Kinvarra
Ballyvaughan
Trim
26
13
Tara
5
Burren
Clonmacnoise
Hill of Tara
Cliffs of Moher
25
Lisdoonvarna
Shannon
Tullamore
Lahinch
14
Grand Canal
Corofin
Maynooth
Malahide
Howth
Lough Derg
Ennis
Naas
Kilkee
1
2
3
Dublin
Roscrea
Kilrush
Kildare
Enniskerry
Bunratty Castle
Mouth of the Shannon
Shannon
Bray
Tarbert
Limerick
4
ASKET LANDS
DINGLE-HALBINSEL
Adare
Glendalough
Carlow
6
22
Wicklow
23
Tralee
Dingle
Wicklow Mountains
Tipperary
Dingle Bay
Kilmallock
Kilkenny
Barrow
Cashel
12
Cahirciveen
Killorglin
11
Arklow
IVERAGH-HALBINSEL
20
19
Killarney
Kanturk
21
Jerpoint
kellig chael
Waterville
Clonmel
Kenmare
Suir
Blackwater
St. George's Channel
BEARA-HALBINSEL
Macroom
Wexford
18
Glengarriff
Lee
Waterford
Cork
15
Rosslare
Bantry Bay
16
Rosslare Harbour
10
Bantry
Cobh
9
Ardmore
Bandon
Youghal
24
Hook Head
Skibbereen
17
Mizen Head
Kinsale
50 km
31 miles
Traumziele
N

Traditionelle Musik wird in abgelegenen Public Houses wie dem Conway's in Rathmelton gespielt (oben), in den Pubs am Hafen von Portmagee (Mitte), aber auch in der für seine bunten Haustüren berühmten Metropole Dublin (unten). Schriftsteller James Joyce zog es von Dublin in die weite Welt (rechte Seite).

Willkommen in Irland

Die grüne Insel im Atlantik

Verträumte Landschaften und mystische Küstenabschnitte, pulsierende moderne Städte und geschichtsträchtige Orte, Charakterköpfe, Granitskulpturen, Steinkreise und höchst lebendige Geschichtenerzähler vertreiben alle düsteren Wolken, selbst Dauerregen gerät da zum Erlebnis: Wer nach Irland reist, kann sich auf einiges gefasst machen, Langeweile ist garantiert nicht dabei.

Das müssen Sie sehen. Achtung, die Tür geht auf, alle Köpfe gleichzeitig nach rechts. Was zum Teufel will der hier in Newry am Sonntagnachmittag? 20 junge Männer, eine Blondine und drei ältere, eher müde getrunkene Senioren mit tief ins Gesicht gezogenen, speckigen Mützen drehen ihr Haupt zur Tür der Bar, einen anderen Namen hat das Pub nicht, wäre auch Verschwendung. Okay, kein Alien hat sich hierher verirrt, der rote Bart sieht eher vertraut aus. Alle Köpfe wieder nach links, Augen rauf, über der Theke läuft im Fernsehapparat, der auch schon bessere Zeiten gesehen hat, Gaelic Football: Tyrone gegen Derry. Jene für uns festlandeuropäischen Ignoranten rätselhafte Sportart, bei der im Gegensatz zum Hurling, da ist der Stockeinsatz erlaubt, nur mit Hand und Fuß gekämpft wird. … Aber Hiebe hätte es beinahe gesetzt, als der rotbärtige Fremde dann auch noch »Kaffee bitte« über den Tresen flüstert. Alle Köpfe wieder runter und nach rechts, ruckartig und ohne Kommando. Was? Hat der etwa Kaffee bestellt? Die dunstgeschwängerte Luft, die miefige Düsternis erzittert, Nebelschwaden drehen Loopings, einigen auf den Barhockern dreht sich der Magen um: Hat er wirklich Kaffee bestellt? Der Mann hinter dem Tresen rollt die Augen, nickt wortlos und verschwindet im Hinterzimmer, nicht ohne vorher ein paar Gläser vorzufüllen mit dem anderen dunklen Stoff. Alle Köpfe jetzt nach unten, Kinn auf den Glasrand, Augen auf den Boden der Pints gesenkt: Unglaublich, was soll nur aus unserem Land werden, unsere Höhle wurde entweiht. Und das am heiligen Sonntag. Wo wir uns doch heute schon in die Kirche schleppen mussten, weil Mary uns sonst … Jetzt auch noch das. Die Strafe kam natürlich prompt. Wohin, nach Armagh? Diese Richtung, alle Köpfe drehen sich nach Osten. War natürlich falsch. Überflüssig, weiter zu fragen, denn die zweite Strafe folgte auf dem Fuße: Sterling oder Euro? lautet die abfällige Bemerkung zum Abschied. Alles klar, wir sind hier ja schließlich in

Cafe Kylemore

Der Südwesten mit Ring of Kerry, Dingle und Beara-Halbinsel gehört zu den am meisten besuchten Regionen Irlands. Der weiße Leuchtturm am Fanad Head (oben) und das Rot der Rhododendron-Blüten verzaubert nicht nur die irischen jungen Damen (Mitte). Seit Beginn des 19. Jahrhunderts bis 1983 wurde am Garinish Point Kupfer abgebaut (rechts).

Nordirland. Den Euro hat er trotzdem genommen und Tyrone gerade einen Dreier erzielt, alle Köpfe zappeln jetzt in diverse Richtungen. Seltsamer Sonntag, wenn das so weitergeht, werden wir nächste Woche nicht zur Messe gehen, Mary und ihre Gardinenpredigt hin oder her.

So oder ähnlich könnte Ihr erster Kontakt mit Irland aussehen, wenn Sie sich zunächst für eine Reise in den Norden der Insel entschieden haben und Sie nach gut einstündiger Fahrt von Dublin aus die unsichtbare Grenze hinter sich gebracht haben. Lassen Sie sich davon nicht täuschen. Selbst in solch traurigen Pubs drohen keine Prügel: Die Herzlichkeit und Gastfreundschaft in ganz Irland wird Sie beeindrucken. Und Ihnen Begegnungen bescheren, an die Sie lange zurückdenken werden.

Irlands Gesellschaft im Wandel

Etwa sechs Millionen Menschen leben heute auf der Insel, davon 1,7 Millionen in Nordirland. Auch wenn die Geburtenrate in den letzten Jahren deutlich zurückgegangen ist, haben sich auf der Insel dramatische gesellschaftspolitische Veränderungen vollzogen. Vom einstigen Auswanderungsland – noch in den 80er-Jahren des vergangenen Jahrhunderts verließen jährlich rund 30 000 Iren ihre Heimat – ist Irland zum Einwanderungsland geworden. Vor allem Arbeitssuchende aus Osteuropa sind seit 2004 und der Osterweiterung der EU nach Irland gekommen, angezogen vom Wirtschaftsboom des keltischen Tigers. Nach der Finanzkrise 2009 bringt das für Irland neben den ökonomischen Folgen ganz neue gesellschaftspsychologische Probleme auf die Tagesordnung: Wollen und können wir die Arbeitsemigranten integrieren? Ging es nicht uns selbst vor gar nicht allzu langer Zeit genauso? Und wie wird davon der Friedensprozess zwischen der Republik und Nordirland beeinflusst? Man muss kein Prophet sein, um Irland, wie den anderen Staaten der EU auch, einige schwierige Jahre zu prognostizieren. Doch die Iren sind Kämpfernaturen mit einem Rest an rebellischem Geist. Große Teile Kontinentaleuropas waren verwundert, als im Juni 2008 fast 54 Prozent der Iren gegen den EU-Vertrag von Lissabon stimmten. Vielleicht hatten sie ihn nur genauer gelesen. Im Oktober 2009 stimmten dann 67 Prozent der Iren dem Vertrag zu, nicht zuletzt, weil Brüssel Irland einen eigenen Kommissar und in weiteren Fragen Unabhängigkeit zusicherte.

Bestätigte Lebensqualität

Von einem der ärmsten Länder am Rande Europas zum Musterknaben, von einer konservativ und katholisch geprägten Gesellschaft zu einem liberalen und weltoffenen Land und das in Rekordzeit: Irland hat – nicht zuletzt mit EU-Subventionen – eine rasante Entwicklung hingelegt. Wachstumsraten von neun Prozent gehören inzwischen zwar der Vergangenheit an, eine niedrige Arbeitslosigkeit und das zweithöchste Pro-Kopf-Einkommen in der EU sind aber noch immer beeindruckend. So haben die Vereinten Nationen kürzlich die Lebensbedingungen und Einkommen in 182 Staaten verglichen und zu einem Entwikklungsindex zusammengefasst. Norwegen und Australien führen das Ranking an, auf Platz fünf: Irland. Noch vor den Niederlanden, Schweden, Frank-

St. Mary's Cathedral ist das Wahrzeichen Kilkennys (oben). Queen Victoria schaut vom Eingang der Belfast City Hall hinab (Mitte). Parke's Castle thront auf einem Hügel über dem Lough Gill (unten). In den Pubs wird die traditionelle Musik auf der Fiddle, der Tin Whistle, der Handtrommel Bodhran und dem Dudelsack Uillean Pipe gepflegt (links).

reich und der Schweiz. Großbritannien und Deutschland folgen auf den Plätzen 21 und 22.

Mit Optimismus in die Zukunft

Die weltweite Finanzkrise hat auch Irland schwer getroffen, aber die Iren schauen mit der ihnen eigenen optimistischen Grundhaltung hoffnungsvoll in die Zukunft: »Could be worse« hört man oft, wir hätten uns auch beide Beine brechen können. Denn der keltische Tiger hat in den letzten Jahren nicht nur Luftnummern, sondern auch unübersehbare Werte geschaffen und an vielen Orten zu einer Verbesserung der Infrastruktur beigetragen. Man hat ihm zwar die Zähne gezogen, aber dafür kann man ihn jetzt besser streicheln. An Irland kann man einiges kritisieren, und trotzdem ist Irland ein wunderbares Land. Vor allem anders als so viele Länder, die ihre Seele einer touristischen Gewinnmaximierung verkauft haben, die ihnen den Charakter raubt. Nach einem dramatischen Wirtschaftsboom kehrt wieder etwas mehr Besinnung auf das Wesentliche ein, auf Freundschaften, Traditionen, Werte und Geschichten. Das ist keine Irland-Romantik von gestern, sondern Realität. Das andere, freundliche, manchmal auch verschrobene Irland mit seinen keltischen Traditionen hat überlebt. Man muss noch nicht einmal danach suchen, an den hier vorgestellten Orten werden Sie es finden. Und dabei feststellen, dass es völlig unerheblich ist, ob Sie Kaffee, Tee, Limonade, Bier oder Wein im Pub bestellen und mit Euro, Pfund, Dollar oder Rubel bezahlen wollen. Solange Sie eine gute Geschichte parat haben, nimmt Ihnen keiner etwas übel. Allein die Bereitschaft, auch etwas von sich und seiner Familie zu erzählen, öffnet in Irland Türen und Herzen.

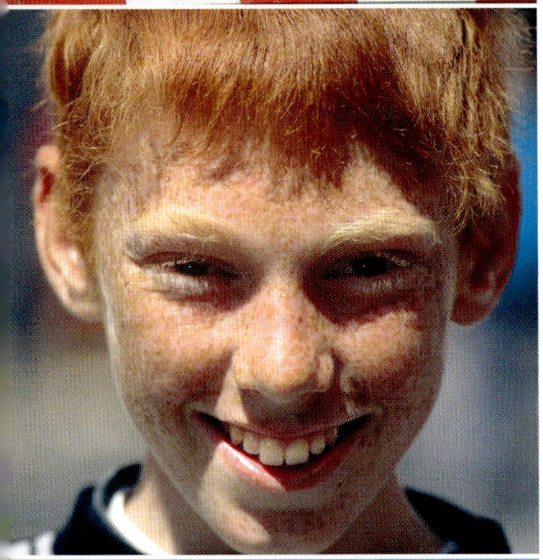

Pferdesport genießt wie hier im County Mayo einen hohen Stellenwert (oben). Die irische Jugend (Mitte) lebt im Spannungsfeld von religiösem Erbe der Mönche von Skellig Michael (unten) und den politischen Parolen in Derry (rechts unten). Fünf Häuser, eine Mole und ein Kirchlein: Portbraddan an der Causeway-Küste (rechte Seite).

Die Halfpenny Bridge ist eine von zwei Fußgängerbrücken über den Fluss Liffey (rechte Seite). Zu den größten Attraktionen Dublins gehört der Long Room in der Bibliothek des Trinity College (Mitte). In den Wicklow Mountains locken Wanderungen (unten), am Leuchtturm von Hook Head Ruhe und Einsamkeit (oben).

Im Herzen Irlands: Dublin, Landesinnere und Ostküste

Am Bloomsday wandelt man mit Schauspielern auf den Spuren von James Joyce (Mitte). Die Statue von Molly Malone, der schönen Dubliner Fischhändlerin, in der Grafton Street verzückt noch heute die Iren (unten). Dublin Castle ist mehr Schloss als Burg (rechte Seite unten) und am General Post vollzog sich der Osteraufstand von 1916 (rechte Seite oben).

1 Dublin – Stadt am Liffey

Die Stadt der Dichter

Dublin, die Hauptstadt der Republik Irland, hat sich zu einer europäischen Metropole ersten Ranges entwickelt. Weltstadtambiente mischt sich mit nationalem Selbstbewusstsein und regionalem Charme. Neben der großen literarischen Tradition gibt es aber auch nicht minder interessante Gruselgeschichten, »Dublin in the dark« sozusagen, eine amüsante Exkursion zu den Vampiren.

Dublin ist groß geworden und dennoch klein geblieben. Es will kosmopolitisch erscheinen und bewahrt trotzdem irische Traditionen. Eine davon ist die Wertschätzung seiner Schriftsteller, und so verwundert es nicht, dass man in Dublin überall auf die Spuren der Literaten trifft. Wenn am 16. Juni der Bloomsday gefeiert wird, ist die ganze Stadt auf den Beinen, um James Joyce und seinem Jahrhundertroman »Ulysses« zu huldigen, der diesen einen Tag im Leben des Leopold Bloom beschreibt. »Ich schreibe immer über Dublin, denn wenn ich zum Herzen von Dublin vordringen kann, kann ich zum Herzen aller Städte der Welt durchdringen«, sagte einmal James Joyce, der Zeit seines Lebens in einer Art Hassliebe mit seiner Geburtsstadt verbunden war. Die Halbwelt der Nacht, der Spelunken und Bordelle ist Hauptschauplatz des Romans, hier dringt Bloom alias Joyce in das Herz Dublins vor. Heute erscheint die Stadt freundlich und hell, nicht nur in Vorzeigestadtteilen wie Temple Bar oder Smithfield Village. Doch Licht gibt es nicht ohne Schatten, manch heitere Lebensfreude nicht ohne düstere Vergangenheit. Und dieser dunklen Seite kann man hier am Tage wie am Abend auf schaurig-amüsante Weise einen Besuch abstatten.

Auf den Spuren Draculas

Um Herzen, Obsessionen und die Faszination der Nacht geht es auch in einem anderen Roman der Weltliteratur, den ein anderer Sohn Dublins geschrieben hat und der zum meistverkauften Buch weltweit nach der Bibel geworden ist: Abraham Stokers »Dracula«. Selbst viele Iren halten Stoker (1847–1912) für einen englischen Autor, wissen nicht, dass er in Clontarf geboren wurde, jenem geschichtsträchtigen Vorort Dublins, den man besuchen sollte. Allein The Casino in Marino ist eine Besichtigung wert, zählt es doch zu den schönsten neoklassizistischen Gebäuden des 18. Jahrhunderts in Europa. Entworfen wurde es von Sir William Chambers

Die Christ Church Cathedral geht auf das Jahr 1038 zurück (oben). Die Anlieferung per Pferdewagen ist für den Straßenmarkt in der Moore Street nicht ungewöhnlich (Mitte). Die Halfpenny Bridge verbindet Dublins Nord- und Südhälfte (unten). Die Türen am Fitzwilliam Square sind sehr elegant (rechte Seite unten).

für seinen Freund James Caulfield, den ersten Earl of Charlemont, ein wegen seiner Hässlichkeit berühmter Mann, der sich hier seinen Traum von Ästhetik errichten ließ. Was ihn übrigens finanziell ruinierte, Caulfield starb 1799, völlig verarmt. Die »Spielhölle am Meer« hat ihm seinen Reichtum genommen. Die Bucht, an dem das Casino einst stand, ist inzwischen trockengelegt, doch sie bot Bram Stoker Inspiration für seinen Gruselroman. Was Dennis McIntyre, der Gründer der Stoker's Dracula Organization, auf seinen Rundgängen zu den Plätzen stokerscher Jugend eindrucksvoll belegt.

Bewegtes Leben

Im Marino Crescent 15 in Clontarf wurde er geboren, die rote Tür bleibt allerdings verschlossen, die heutigen Besitzer wollen nichts mit Stoker zu tun haben. Geöffnet hat allerdings das neue Bram Stoker Dracula Museum, das sich auf spektakuläre Weise der Gruselwelt Draculas, aber auch Leben und Werk Stokers widmet. Als Kind hat er oft die Leichen der St. Michan's Church gesehen, weil seine Familie dort eine Gruft besaß. Die über 600 Jahre lang einzige Pfarrkirche nördlich des Liffey, in der Händel seinen »Messias« probte, kann man heute besichtigen, ein wahrlich gruseliges Erlebnis mit der Mumie eines Kreuzfahrers und der Totenmaske des Rebellen Wolfe Tone in der Krypta. Bram Stoker, der als Erster das Wort »undead« in die englische Literatur einführte, ist bis heute für viele ein Rätsel geblieben: »Irgendwie sind wir alle doch ein bisschen eifersüchtig auf Vampire, obwohl wir sicher keiner sein wollen mit all dem Geruch und dem Zeug drum herum. Aber hätten wir nicht gerne etwas davon, was er im Buch beschrieben hat mit Time is on my side?«, schmunzelt Dennis McIntyre auf dem Friedhof von St. John the Baptist in Clontarf, der Ort, an dem Stoker getauft wurde. Auch in der Innenstadt gibt es Spuren Stokers: In der Kildare Street 30 hatte er seinen ersten Wohnsitz im Stadtzentrum, in der Harcourt Street 16 wohnte er neben seiner späteren Frau Florence Balcombe. Und im Trinity College sollte man nicht nur das berühmte »Book of Kells« bewundern, sondern auch einen Abstecher in den Bram Stoker Room wagen, schließlich war er hier Vorsitzender der Philosophischen Gesellschaft. Oder sich von Denis McCarthy, dem Marketing Manager in Dublin Castle davon berichten lassen, wie Bram Stoker 1870 seinem Vater und Großvater folgte und hier Beamter und Friedensrichter wurde, eine Anstellung, die er hasste.

Mit den Bus-Geistern unterwegs

Wenn es dunkel wird an der O'Connell Street, abends um acht, startet »The Dublin Ghost Bus Tour«, ein skurril-gruseliges Vergnügen. Ein lila bemalter Bus samt Ghost-Guide zeigt all die Plätze, an denen Dublins Gespenster ihr Unwesen trieben. Francis als Hell-driver und Brad der Storyteller lassen zwei Stunden lang das düstere Gesicht Dublins lebendig werden. Da erfährt man, dass Vampire mit dem Pfahl im Herzen unter die Erde gebracht werden müssen, in Dublin es aber auch das Gegenteil gab. Da wurden die Beerdigten heimlich wieder ausgegraben: Von den »body snatchers«, den Körperschnappern. Dublin war zu

Beginn des 18. Jahrhunderts ihre Hochburg, weil es über 15 pathologische Institute gab, die brauchten alle zu Studienzwecken viele Leichen. Offiziell bekam jedes Institut sechs pro Jahr von den Behörden zugewiesen, das reichte noch nicht einmal für eine Woche. Also blühte der Schwarzmarkt. Alle möglichen Gestalten trieben sich des Nachts auf den Dubliner Friedhöfen herum, gruben mit Schaufeln und Seilen die Beerdigten wieder aus. Erst im Jahr 1832, als es ein neues Gesetz gab, wonach man seinen Körper bereits zu Lebzeiten an die Wissenschaft verkaufen konnte, endete der Spuk.

Bier im Blut

Dublin also Dracula-Country? Keineswegs, auch wenn das Wort Dracula von dem alten irischen Wort »Drachfhola« abstammen soll. Was so viel bedeutet wie »bad blood«, schlechtes Blut trinken. So gesehen ist das schwarze irische Bier mit dem großen G die reinste Erholung. Und das hat garantiert nichts mit Geistern zu tun. Das Geheimrezept des Arthur Guinness kostet man am besten am Hauptsitz in der St. James Gate Brauerei in Dublin. Dort befindet sich neben den Produktionsstätten auch das neue Besucherzentrum, das architektonisch wie präsentationstechnisch hochmoderne Guinness Storehouse. Im obersten Stock, mit dem Pint in der Hand, der übrigens nicht extra bezahlt werden muss, genießt man dann den herrlichen Rundblick über Dublin und verleiht seiner Fantasie Vampir-Flügel. Dublin einmal anders – sláinte!

DUBLIN SPORTLICH

Dublin gehört nicht nur unter Literaturliebhabern mittlerweile zu den Top-Destinationen, auch an Sporttraditionen Interessierten, hat die Metropole eine Menge zu bieten. So kann man im nördlichen Stadtteil Drumcondra den ehrwürdigen Croke Park besuchen, Sitz und Stadion der GAA Gaelic Athletic Association und Sportmuseum zugleich, das weit mehr bereithält als die übliche Stadionführung, Trophäensammlung und Heldenverehrung. Hier erfährt man in lebendig gestalteten Ausstellungen alles über die traditionellen irischen Sportarten wie Hurling und Gaelic Football, die noch heute fester Bestandteil des irischen Nationalgefühls sind. Gaelic Football wird wie Rugby mit Händen und Füßen gespielt, Hurling mit einem Holzschläger. Die weibliche Hurling-Variante heißt Camogie. Weitere Vorkenntnisse braucht man keine, denn im Museum werden nicht nur die Regeln erläutert, sondern auch geschichtliche Ursprünge und gesellschaftliche Aspekte beleuchtet.
http://museum.gaa.ie

WEITERE INFORMATIONEN ZU DUBLIN

Dublin Tourism Office, Suffolk Street, Tel. (01) 6705602, www.visitdublin.com
Websites: www.dublinhotels.com, www.dublinbus.ie, www.temple-bar.ie, www.stoker-dracula.org

»Stag's Head«, viktorianischer Pub in Dublin mit elegantem Spiegelkabinett.

Hinter der ehrwürdigen Fassade der »Quay's Bar« gibt es traditionelle irische Speisen (Mitte), eine gute Grundlage, um sich durch das beliebte Pub-Viertel Temple Bar (rechte Seite unten) zu kämpfen. »The Long Hall« in der Great Georges Street ist ein eleganter Pub, in dem es immer gesittet zugeht (unten).

2 Dublin Pub Crawl

Hauptsache craig und durstig

Public Houses gehören zu Irland wie das wechselhafte Wetter. Beides ergänzt sich ideal, gibt ein kräftiger Schauer doch genügend Anlass, Unterschlupf zu finden im Pub an der Ecke, dabei den Durst zu löschen und alle Neuigkeiten zu erfahren, die von Bedeutung sind. Und wenn die Sonne richtig strahlt, muss ebenso für Flüssigkeitsnachschub gesorgt werden, im Pub natürlich. In Dublin kann man von Pub zu Pub krabbeln, literarisch und musikalisch, ganz nach Lust und Laune.

Ein großartiges Puzzle«, lässt James Joyce in seinem weltberühmten Roman »Ulysses« seinen Helden Leopold Bloom aussprechen »wäre es, Dublin zu durchqueren, ohne an einem Pub vorbeizukommen«. Wahrscheinlich ist das gar nicht möglich, denn über 600 Pubs zählt man in Dublin heute, verteilt auf Innenstadt und Vororte. Man braucht wirklich nicht lange Ausschau zu halten, an der nächsten Ecke wartet schon das Glück. Wem die Auswahl angesichts dieser Vielfalt schwerfällt, der kann auf geführten Pub-Touren einige der traditionellsten »Public Houses« kennenlernen.

Pubs erkrabbeln literarisch

Dublin und seine Pubs genießen einen legendären Ruf, sie prägen noch heute das soziale, politische, intellektuelle und künstlerische Leben der Stadt wie sonst in keiner anderen Metropole der Welt. Sie lösen soziale Grenzen auf, können Protestmärsche anzetteln und liefern reichlich Stoff für Romane, Gedichte und Theaterstücke. Sie sind vielfältig, bunt und düster zugleich, haben alle Geschichten zu erzählen wie etwa der legendäre »The Brazen Head« in der Lower Bridge Street, die bis ins 12. Jahrhundert zurückreichen, die meisten stammen allerdings aus dem 19. Jahrhundert. Sie waren und sind eine Art verlängertes Wohnzimmer der Iren, in dem man schnell Kontakt findet, integriert wird und Geschichten zu hören bekommt, die alle mit *craic* zu tun haben: fröhliche Geselligkeit, lebhafter Austausch, gastfreundliche Kumpanei und hintergründiger Witz. Den erwandert, am Ende erkrabbelt man sich am besten auf dem Dublin Literary Pub Crawl, der die interessantesten Pubs der Hauptstadt mit literarischer Vergangenheit und Gegenwart verbindet. Schauspieler, Schriftsteller und Poeten erzählen, rezitieren, besingen und beglücken die Teilnehmer dabei mit Gedichten, Prosatexten und manchem Joke zu den besuchten Wohnzimmern, die Dublins literarisches Leben auferstehen lassen. Der Rundgang zu Theken, Pints und Storys startet in der Duke Street, natürlich im »Duke Pub«, in dem große Literaten wie James Joyce, Brendan Behan und Patrick Kavanagh verkehrten. Er führt zu Pubs wie »Mc Daids«, ins »Neary's« und die »Palace Bar«, nicht zu vergessen »Davy Byrne's«. Dort waren in den 20er-Jahren auch die Anführer der Befreiungsbewegung wie zum Beispiel Michael Collins gerne zu Gast, galt er doch als »moral pub«. Nach so viel Samuel Beckett, Flann O'Brien, Oscar Wilde und George Bernard Shaw wird man dann dem eigenen Umherkrabbeln überlassen, nicht ohne noch zwei Zeilen von Patrick Kavanagh mit auf den Weg zu bekommen: »Go into a pub and listen well, if my voice still echoes there ...«

Pubs erkrabbeln musikalisch

Was unsere Schreiberlinge können, das können wir auch, dachten sich Dublins Musiker und kreierten einen Traditional Irish Musical Pub Crawl, der im ersten Stock des stets überfüllten »Oliver St. John Gogarty« mitten im Vergnügungsviertel Temple Bar startet. Auch bei dieser Version des Pub-Krabbelns sind zwei professionelle Musiker dabei, die nicht nur die Geschichte der irischen Musik zum Besten geben, sondern auch Lieder und Melodien, die ins Ohr gehen. Selbst der Einfluss der traditionellen irischen Musik auf moderne Stilrichtungen wird erklärt und an Klangbeispielen den Musikliebhabern nahegebracht. Dabei werden legendäre Musik-Pubs wie »The Ha'Penny Bridge Inn«, »Brannigans«, »The Bankers«, »Stags Head«, »Palace Bar« und »Sin É« besucht. Die zweieinhalb Stunden vergehen wie im Flug, ohne mehrere Zugaben kommen die Musiker niemals davon. Und die Gäste nicht ohne »last order«.

»G« IST GUT FÜR DICH

Antigua, Barbados, China, Elfenbeinküste, Jamaika, Kanada, Gambia, Neuseeland und natürlich Australien – das ist keine Länderliste eines Weltenbummlers und auch kein neuer Staatenbund. Und dennoch haben die Menschen dort alle etwas gemeinsam: In ihrem Land wird ein Getränk ausgeschenkt, das sich zum irischen Exportschlager gemausert hat. Die Rede ist von Guinness, jenem dunklen, dickflüssigen, durstlöschenden Dauerdröhnstoff, den manche immer noch für ein ganz normales Bier halten. Guinness ist zur Legende geworden, ein Mythos aus Wasser, Gerste und Hopfen, wie es ihn kein zweites Mal auf der Welt gibt. In über 150 Ländern der Erde fließt es aus den Zapfhähnen. In 50 Ländern, von den Bahamas bis nach Vietnam, wird es gebraut, von Curaçao bis Zimbabwe verkauft. Welcher Pooka hat da seine Geisterkollegen in die Welt geschickt? Der Zauber jedenfalls funktioniert, Globalisation by Feen, Elfen, Banshees, Leprechauns und Cluricanes. www.guinness.com

WEITERE INFORMATIONEN ZUM DUBLIN PUB CRAWL

Dublin Tourist Office, Suffolk Street, Tel. (01) 6705602, Literary Pub Crawl www.dublinpubcrawl.com und Musical Pub Crawl Tel. (01) 4753313, www.discoverdublin.ie

Über die 200 000 ledergebundenen Bücher des Trinity College wacht der Bibliothekar (Mitte). Politik und Geschichte waren Themen des Gelehrten William Edward Hartpole Lecky, dessen Statue den Campus schmückt (unten). Der mächtige Campanile von 1853 strahlt erhabene Ruhe aus (rechte Seite unten) .

3 Dublin – Trinity College

Staunend studieren in Irlands ältester Universität

Nur einen Steinwurf südlich des Liffey am College Green versammelten sich einst die Wikinger, später Mönche, danach Politiker und nun Studenten aus aller Welt. In den ehrwürdigen georgianischen Gebäuden ist heute die älteste und renommierteste irische Universität, das Trinity College, untergebracht. Der protestantisch-strenge Geist des ausgehenden 16. Jahrhunderts ist einem weltoffenen Studienangebot gewichen, das auch keine Konfessionsunterschiede mehr macht.

Die Gebäude der im Jahr 1592 von Elisabeth I. gegründeten Universität verteilen sich über zwei Quadratkilometer und schließen den Campus und einen öffentlich zugänglichen Park ein, der dem ganzen Ensemble einen beinahe heiteren Charakter verleiht. Wäre da nicht das Kopfsteinpflaster gleich hinter dem Hauptportal, das einen daran zu erinnern scheint, dass der Weg zum Wissen hügelig und mühsam sein kann. Abgeschreckt hat das allerdings kaum jemanden. Hier studierten und unterrichteten nicht nur viele Geistesgrößen wie der Philosoph Edmund Burke und der Dichter Oliver Goldsmith, deren Statuen am Eingang das College bewachen. Auch Jonathan Swift, Samuel Beckett, Bram Stoker, Wolfe Tone und John Millington Synge gehören in diese Reihe. Heute zählt das Trinity College über 16 000 Studenten. Ob ein weiterer Literaturnobelpreisträger darunter sein wird, weiß man natürlich nicht, an Vorbildern mangelt es den Studierenden im Trinity College jedenfalls nicht.

Bildung für die Iren

Höchste geistes- oder sozialwissenschaftliche Weihen hatte Elisabeth I. wohl kaum im Sinn, als sie die Bildungsstätte ihren irischen Untertanen schenkte. Diese sollten viel mehr davon abgehalten werden, auf der Suche nach Bildung auf dem Kontinent mit dem Virus des Papsttums infiziert zu werden und dann nach ihrer Rückkehr die Insel mit dem Katholizismus zu vergiften. Auf lange Sicht war das nicht erfolgreich, verhinderte aber immerhin bis 1793, dass Katholiken am Trinity College studieren konnten. Danach legte die katholische Kirche in Irland bis in die 1960er-Jahre ihr Veto ein, denn ihr waren die protestantisch geprägten Lehren zu liberal und freisinnig. Frauen durften ab 1903 am Trinity College akademische Würden erlangen.

Im ersten Innenhof sticht sogleich ein imposanter, 30 Meter hoher Glockenturm ins Auge, der 1853 hier errichtet wurde an jener Stelle, an der das alte Augustinerkloster einst stand. Die Kapelle und die Examination Hall links und rechts des Haupteingangs wurden vom Architekten Sir William Chambers im 18. Jahrhundert errichtet, der unbestrittene Star ist allerdings der Bibliothekskomplex mit acht Gebäuden, darunter die berühmte Old Library mit dem Long Room, der 200 000 in Kalbsleder gebundene Bücher und Handschriften enthält. Die Bibliothek ist nicht nur die größte des Landes, sie ist auch eine der ältesten Forschungsbibliotheken der Welt. Als Copyright Library hat sie das Recht auf ein Freiexemplar eines jeden Buches, das in Großbritannien und Irland gedruckt wird. So umfasst die Büchersammlung inzwischen an die 4,5 Millionen Ausgaben und jedes Jahr kommt ein neuer Regalkilometer hinzu.

Seereise nach Australien

Die ganz in der Nähe befindliche Shoppingmeile Grafton Street und das Pub-Viertel Temple Bar mögen den ein oder anderen zu einer verlängerten Vorlesungspause locken, alleine der Botany Bay Tennis Court hinter dem Graduates' Memorial Building dürfte Mahnung genug sein, den Studiengang nicht allzu locker zu nehmen, auch wenn die Sanktionen heute sicher nicht so drastisch ausfallen wie in vergangenen Zeiten. Da wurde, so erzählt es die Legende, mit den an diesen Platz wohnenden aufsässigen Studenten kurzer Prozess gemacht: sie bekamen eine kostenlose Seereise zur gleichnamigen australischen Sträflingskolonie an der Botany Bay. Da lassen sich die Studenten von heute lieber ab und zu im Reading Room oder vor dem Provost's House des College-Vorstehers blicken als in der Temple Bar, es sei denn, man hat ein Stipendium in Sydney bekommen.

DAS BOOK OF KELLS

»Turning Darkness into Light«, selten hat ein Motto so ins Ziel getroffen wie die Ausstellung zum legendären Book of Kells im Trinity College in Dublin. Das von Mönchen vor 1200 Jahren geschriebene Buch fasziniert die Besucher immer wieder aufs Neue. Millionen Menschen zieht es jedes Jahr in die Old Library, um eines der ältesten Bücher der Welt mit wunderbar illustrierten Ornamenten und Majuskeln zu sehen. Es stellt eine reich verzierte Abschrift der vier Evangelien des Neuen Testaments auf 340 Pergamentblättern dar, verfasst von den Mönchen des St. Colum Cille Klosters auf Iona. Vor den Wikingern in Sicherheit gebracht, kam es zunächst nach Kells in die Grafschaft Meath, von dort wurde es während der Cromwellschen Zeit um 1653 nach Dublin geschickt. Und dort fand es 1661 im Trinity College seinen endgültigen Platz. Ein Meisterwerk der irischen Buchmalerei des 9. Jahrhunderts und das einzige erhaltene irische Manuskript mit einem vollständigen Text des Neuen Testaments. Über die Form der Präsentation kann man streiten, unbestritten ist die Faszination, die von ihm ausgeht. www.bookofkells.ie

WEITERE INFORMATIONEN ZUM TRINITY COLLEGE

Trinity College Dublin, College Green, Tel. (01) 8961000, www.tcd.ie

4 Powerscourt House und Gardens

Landsitz mit italienischem Flair

Ein Blick von der weitläufigen Terrasse hinab auf den See, die Gärten und Parkanlagen, ein Blick wie auf ein Märchenland, am Himmel ein Regenbogen, sanfter Nieselregen weht über die Blumenbeete, Pferdestatuen und Fabelwesen glänzen in der Sonne, die immer wieder von schnell dahinziehenden Wolken verdeckt wird: Powerscourt House and Gardens bei Enniskerry am Fuß der Wicklow Mountains gehört zu den schönsten Landsitzen, die Irland, ja ganz Europa, zu bieten hat. Ende des 12. Jahrhunderts wurde hier, 20 Kilometer südlich von Dublin, eine Burg errichtet, die sich im Besitz der Familie le Poer befand, auf die auch der Name des Anwesens zurückgeht. Nach den O'Tooles und den Fitzgeralds übernahm 1603 Richard Wingfield Powerscourt, nachdem er drei Jahre zuvor zum Marshall von Irland berufen wurde. Über 350 Jahre lebte die Familie Wingfield hier, gestaltete Landsitz und Ländereien zu einer ästhetischen Gesamtkomposition um, aus der ein italienischer und ein japanischer Garten, das Schloss selbst, das Arboretum und der Rosengarten herausragen. An der Gartengestaltung war der Landschaftsarchitekt Daniel Robertson maßgeblich beteiligt, der unter Gicht litt und seine Anweisungen nur sitzend aus einer Schubkarre heraus und mit einer Flasche Sherry ausgerüstet, geben konnte. Dem faszinierenden Gesamtkunstwerk Powerscourt House and Gardens hat das nicht geschadet. www.powerscourt.ie

Powerscourt begeistert die Besucher nicht nur mit seinen Parks und Gärten (Mitte) und einer sorgfältig gesetzten Blütenpracht (unten), immer wieder findet man liebevoll gestaltete Details und Skulpturen, die sich zu einer faszinierenden Gesamtkomposition zusammenfinden (unten rechts). Irlands größter Wasserfall gehört auch dazu.

Hoch-Zeit in Summerhill

Ein romantisches Landhaus mit edlem Ambiente, dennoch nicht abgehoben oder überteuert, das bei Hochzeitsgesellschaften sehr beliebt ist, aber auch alle anderen Gäste zuvorkommend empfängt, ist das »Summerhill House Hotel« in Enniskerry. Nur wenige Minuten Fußweg von Powerscourt und dem Dorfzentrum entfernt, findet man hier den idealen Standort für ausgedehnte Spaziergänge in den Wicklow Mountains, zum Angeln, Reiten und Golfspielen in Ruhe und Abgeschiedenheit. Dazu gibt es einen schönen Blick auf den Felsen von Bray Head, der zum Sonnenuntergang einen unwiderstehlichen Zauber verbreitet. Summerhill House, Bray Road, Enniskerry, Tel. (01) 2867928, www.summerhillhouse.com

5 Hill of Tara

Heimstatt der irischen Mythologie

Das gälische Wort »Teamhair« bedeutet schlicht »Erhebung, Hügel«. Tea ist aber auch der Name für die Göttin der Milesier, die in Tara gelebt haben und hier begraben sein soll. Fest steht jedenfalls, dass der rund 50 Kilometer nordwestlich von Dublin gelegene unscheinbare Ort in der Geschichte und Mythologie Irlands den wichtigsten Platz einnimmt. Heimat der Druiden, Burg der irischen Hochkönige, Sitz der Götter, letzte Ruhestätte des Elfenvolkes Tuatha de Danann, Kultort der Göttin Maeve, die Liste kann scheinbar unendlich fortgesetzt werden. Die Bedeutung des Hill of Tara reicht bis in die Jungsteinzeit zurück, heute sieht man noch einen ellipsenförmigen Erdwall, der zwei Ringfestungen und ein Hügelgrab einschließt. Cormac Mac Art regierte hier im 3. Jahrhundert, der jeden Herbst ein großes Fest veranstaltete, zu dem alle kamen, die zu jener Zeit Rang und Namen hatten. Ein Vorbild für Camelot und die Artus-Sage? Wer weiß das schon. Eines bestätigt sich aber am Hill of Tara erneut: Der größte Zauber wohnt in den unscheinbaren Dingen, beim Namen der großen Tea.
www.heritageireland.ie und
www.megalithicireland.com

Tragische Liebe

Eine traurige Liebessage ist eng mit Tara verbunden, die heute noch beinahe jeder auf der Insel kennt: Dermot und Grania. Die schöne Grania, Tochter von Cormac Mac Art, wird dem heldenhaften Krieger Fionn Mac Cumhaill zur Frau versprochen. Als sie den alten Kämpfer am Verlobungsfest in Tara sieht, ergreift sie mit dem jungen Dermot die Flucht. Sieben Jahre ziehen sie, verfolgt von Fionns Zorn, umher, ehe sie sich in Sligo niederlassen. Mit den Jahren wurde die Sehnsucht zu Vater und Gefährten zu groß. Sie laden alle zu einem Versöhnungsfest ein. Fionn denkt sich eine List aus und Dermot wird von einem wilden Eber im Kampf tödlich verwundet. Fionn bereut seine Tat und bestattet Dermot in Brú na Bóinne, wo er in der Anderswelt mit ihm Zwiesprache halten kann.

Der Hill of Tara ist ein auf den ersten Blick unscheinbarer Ort, an dem die Schafe grasen, dennoch von großer Mystik: Im Zentrum steht der »Stein des Schicksals« (oben), Ganggräber und Hochkreuze zeugen von der Bedeutung der Anlage (links). Brian Boru wurde hier 1002 zum Hochkönig ernannt.

Die Klosteranlage Glendalough ist sehr gut erhalten. Im 6. Jahrhundert gegründet, lebten hier über 5000 Menschen. Gräber (Mitte) und Rundturm sind Zeugen der Vergangenheit, in der die wilden Wicklow Mountains über Passstraßen (unten) erschlossen wurden. Kevin's Kitchen (rechte Seite) diente als Kirche, nicht als Küche.

6 Glendalough, Wicklow Mountains

Auf den Spuren des heiligen Kevin

Die Grafschaft Wicklow bietet dem Reisenden nicht nur goldfarbene Sandstrände, bewaldete Täler und zahlreiche Seen, sondern mit dem Wicklow Mountains National Park auch eine einsame Gebirgslandschaft, in der es sich wunderbar wandern lässt. Und im »Tal der zwei Seen« mit der Klostersiedlung Glendalough lohnt es sich ganz besonders, den Geschichten vom heiligen Kevin nachzuspüren.

Die Zeiten, als Irland noch mit Wäldern voller Eichen, Buchen, Birken und Kiefern bedeckt war, sind längst Vergangenheit. Mit Rodungen und Holzkohleverarbeitung, für Schiffe und Fässer wurden die irischen Wälder rigoros abgeholzt, bis fast nichts mehr übrig blieb. Die heutige Aufforstung geschieht überwiegend unter ökonomischen Gesichtspunkten, schnell wachsende Nadelbaum-Monokulturen für Nutzholz stehen hier und dort wie Tupfer einer fremden Welt. Da haben zusammenhängende Waldgebiete, die alle Jahrhunderte überlebt haben, in Irland ihren besonderen Reiz. So auch die Berge und Täler der Wicklow Mountains südlich von Dublin, die in ihrer Abgeschiedenheit und Stille eher an die Westküste Irlands erinnern als an die lebhaftere Ostküste.

Meditative Stille in den Wicklow Mountains

Die Grafschaft Wicklow wird aufgrund ihrer landschaftlichen Schönheit auch »Garten Irlands« genannt. Aber nicht nur zauberhafte Gärten sind hier zu entdecken, auch die vor etwa 400 Millionen Jahren entstandene Berg- und Hügellandschaft der Wicklow Mountains verströmt ihre Reize. Von der Eiszeit tief eingeschnittene Täler wie Glendalough im Osten und die eher sanft geschwungenen Senken im Westen bilden mit den Wiesen und Wäldern eine harmonische Szenerie, die von Wanderern immer wieder genutzt wird zu ausgedehnten Touren auf dem Wicklow Trail, Irlands ältestem Fernwanderweg, der auf 132 Kilometern Rathfarnan mit Clonegall verbindet. Bis ins vergangene Jahrhundert hinein wurde in den Wicklow Mountains durch den hohen Anteil Blei, Eisen und Zink im Sedimentgestein auch Bergbau betrieben, vereinzelte Halden und verlassene Stollen sind stumme Zeugen einer vergangenen Zeit. Besiedelt wurde das Gebiet schon in der Jungsteinzeit; auch die frühen Christen schätzten die Einsamkeit der Berge und die Abgeschiedenheit der Täler. Mehr Betrieb herrscht in den Sommermona-

ten im Besucherzentrum des Wicklow-Mountains-Nationalparks, der bereits im Jahr 1991 eröffnet wurde und rund 20 000 Hektar umfasst. In den Heiden, Wäldern und Mooren fühlen sich seltene und bedrohte Vogel- und Säugetierarten genauso wohl wie der Wanderer, der meditative Stille in faszinierender irischer Hügellandschaft sucht.

Kevin in Glendalough

Diese Stille, wie sie auch in Glendalough im »Tal der zwei Seen« zu finden ist, hat wohl auch den heiligen Kevin im 6. Jahrhundert so begeistert, dass er den Ort als geeignet empfand, um sich hier im Einklang mit der Natur als Einsiedler niederzulassen und später eine Klostergemeinschaft zu gründen. Heute ist es nur im Winter ruhig, wenn die Besucher weniger stark hierherströmen in eines der beliebtesten Irland-Ausflugsziele der ganzen Insel. Aus der einstigen Einsiedelei wurde im frühen Mittelalter ein großes Geisteszentrum, an dem bis zu 3000 Mönche und Gelehrte ihren Studien nachgingen. Erhalten und zu besichtigen sind vor allem die Kathedrale, der Rundturm, das Priesterhaus und Kevin's Kitchen, ein weiterer Rundturm, der ebenfalls als Kirche diente. Die Sagen und Legenden um Kevin sind so vielfältig wie die Landschaft der Wicklow Mountains. Der Heilige soll so eng mit den Tieren verbunden gewesen sein, dass ihm die Hirschkühe der umliegenden Wälder ihre Milch gaben, mit der er einen Königssohn aufziehen konnte, Vögel in seinen zum Gebet ausgestreckten Händen brüteten und Otter ihm sein in den See gefallenes Gebetbuch unversehrt zurückbrachten. Weniger schmeichelhaft ging der menschenscheue Eremit mit Prinzessin Kathleen um, die ein Auge auf ihn geworfen hatte. Er floh in eine Höhle, doch auch dort spürte sie ihn auf. Müde der Nachstellungen, warf er sie in den See, in dem sie ertrank.

WICKLOW GARDEN FESTIVAL

Frisch gemähter Rasen, über dem der Tau liegt, duftende Blumenrabatten und einladende Parklandschaften, die farbenprächtige Bilder vom Paradies heraufbeschwören: Das jährlich von Anfang Mai bis Ende September stattfindende Wicklow Garden Festival verwandelt die Grafschaft Wicklow an der irischen Ostküste in blühende Sommerträume. Auch Gartenansichten ändern sich. Wenn Irland auch für seine reiche Kultur an formalen Gärten und Parklandschaften um alte Schlösser gerühmt wird, arbeiten die irischen Architekten des Grüns immer auch an zeitgenössischer Gestaltung der blühenden Reiche. Farbenprächtige Einblicke geben die rund 40 Gärten, die sich jedes Jahr am Wicklow Garden Festival beteiligen. Dabei sind natürlich die großen Namen wie Powerscourt, Altamont und Mount Usher Gardens vertreten, nicht minder interessant sind aber auch die kleinen Gartenperlen wie die Shekina Sculpture Gardens in Glenmalure oder Warble Bank in Newtownmountkennedy.
www.visitwicklow.ie/gardens/

WEITERE INFORMATIONEN ZU GLENDALOUGH – WICKLOW MOUNTAINS

Wicklow Tourist Office, Rialto House, Fitzwilliam Square, Wicklow Town,
Tel. (0)40420070, www.visitwicklow.ie und www.glendalough.connect.ie

7 Boyne Valley, Newgrange, Slane

Am Fluss der Geschichte

Das nur 50 Kilometer nördlich von Dublin gelegene Boyne Valley ist ein höchst geschichtsträchtiger Ort und ein friedlich daliegendes Flusstal zugleich. Charmante kleine Orte wie Slane, Trim und Kells wechseln sich ab mit den bedeutendsten Grabpalästen der Steinzeit: Newgrange, Knowth und Dowth. Die ganze Grafschaft Meath erscheint wie ein königliches Freilichtmuseum.

Irland ist reich an vielfältigen Schätzen der Steinzeit, die sich über die ganze Insel verteilen wie Kleeblätter auf den Wiesen. Doch der Megalithkomplex Brú na Bóinne im Tal des Flusses Boyne, als Unesco-Welterbe eingestuft, ist die bedeutendste Anlage dieser Art in ganz Europa. Was die Menschen hier vor rund 5000 Jahren schufen, noch weit vor den ägyptischen Pyramiden und Stonehenge, verschlägt einem die Sprache. Die gewaltigen Anlagen rund um Newgrange sind ein architektonisches Meisterwerk der neolithischen Kultur, die sich von hier aus über Irland ausbreitete. Der Legende nach war die Boyne-Schleife zwischen Drogheda im Osten und Slane im Westen die Nekropole der Könige von Tara und Wohnstatt der göttlichen Königin Boinn und der Könige Nuada und Dagda. Noch heute spürt man die magische Kraft, die von diesem Ort ausgeht, trotz der Menschenmassen, die in der Hauptsaison durch das Visitor Centre in die Grabanlagen einfallen und ihm seine meditative Stille nehmen.

Newgrange – Sonnenmagie und Totenkult

Schon von Weitem weckt Newgrange Gefühle von Ohnmacht und Staunen. Der zwölf Meter hohe, kreisrunde und 90 Meter im Durchmesser zählende Erdhügel besteht aus einem unterirdischen Gang mit Kammern, deren Dach und Wände von Steinplatten getragen werden, die einem Gewicht von einer Viertelmillion Tonnen Stand halten. Alles, auch die äußeren Randsteine, ist in Trockenbauweise zusammengefügt, ohne Lehm und Mörtel, aber mit einem raffinierten Drainagesystem versehen, wodurch der 19 Meter lange Gang im Innern und die Kammern in 5000 Jahren keinen einzigen Tropfen Regen abbekommen haben. Und in Irland fehlt es an Niederschlägen ja bekanntlich nicht. Entdeckt wurde Newgrange im Jahr 1699, als der damalige Grundbesitzer Charles Campbell Steine für den Straßenbau zusammentrug. Dabei stieß man auf den Grabeingang und war angesichts des prächtig verzierten Ein-

Auf dem Hill of Slane findet man die Reste eines Franziskanerklosters aus dem 16. Jahrhundert (linke Seite). Der heilige Patrick ist in Irland allgegenwärtig (Mitte). Spiralen, Wellenlinien und Rhomben sind die Hauptornamente in Newgrange (oben).

gangssteines wahrscheinlich so erschrocken, dass man die Flucht ergriff. Erst in den 1970er-Jahren wurden von Professor Michael O'Kelly die Ausgrabungen und die Rekonstruktion der Grabanlage von Newgrange abgeschlossen. Man fand im Innern Schmuckgegenstände, Steinperlen, Knochennadeln und ovale wie phallusartige Steinfiguren, die auf Ahnenkulte, Fruchtbarkeitsrituale und Sonnenmagie hindeuten. Auch Spuren von Getreide wurden entdeckt, was den Schluss zulässt, dass Newgrange nicht nur als Totenkultstätte, sondern auch als Getreidespeicher genutzt wurde.

Stille und Dunkelheit

Die weißen Quarz- und Granitsteine der äußeren Umrandung und die mit magischen Symbolen reich verzierten Randsteine sind allein schon so beeindruckend, dass man unweigerlich in eine demütige Grundhaltung verfällt. Ganz und gar faszinierend sind dann der geduckte Einstieg in das Ganggrab und das Verharren in absoluter Stille und Dunkelheit im zentralen Innenraum, wenn der Führer der Besuchergruppe demonstriert, wie das Licht der aufgehenden Sonne durch den Gang in den Hauptraum fällt. Und durch die rechteckige Öffnung über dem Eingang fällt selbst zur dunkelsten Zeit des Jahres, während der Wintersonnenwende im Dezember, über eine Viertelstunde lang ein Sonnenstrahl in die zentrale Grabkammer. Leben und Tod, Wachsen, Gedeihen und Vergehen, die Jahreszeiten, der Lauf der Sonne und des Mondes, all das wird hier in Newgrange lebendig und für jeden greifbar.

Knowth und Dowth

Im Gegensatz zu Newgrange ist Knowth nur von außen zu besichtigen, dafür kann man aber ganz hinauf auf die Spitze des Grabhügels steigen und hat so einen Überblick, der einen ausgezeichneten Eindruck von der Größe und Macht des magischen Ortes an der Boyne-Schleife vermittelt. Der zentrale Hügel von Knowth mit seinem Durchmesser von 95 Metern ist das größte Ganggrab Irlands. Um ihn herum sind

So friedlich die Landschaften im County Meath und am River Boyne erscheinen, hier fanden blutige Schlachten statt (oben). Die Ganggräber von Newgrange (unten und rechts) wurden bereits zu einer Zeit angelegt, als weder die Pyramiden von Giseh noch Stonehenge erbaut waren. Mit Fahnenmärschen wird an die Schlacht am Boyne erinnert (rechte Seite).

17 weitere Satellitengrabhügel angeordnet. Wie in Newgrange stammen die weißen Quarzsteine aus den Wicklow Mountains, der dunklere Granit kommt aus der Bucht von Dundalk. In Knowth wurden zwei Gänge entdeckt, deren Endpunkte im Mittelpunkt des Cairns zusammentreffen. Wie in Newgrange auch, findet man immer wiederkehrende Muster und Ornamente in den großen Steinen, die den Grabhügel einrahmen. Offenbar spielten astronomische Aspekte beim Bau von Knowth eine entscheidende Rolle, am Morgen des Frühlings- und Herbstanfangs erleuchtet die aufgegangene Sonne den östlichen Bereich, bevor sie untergeht den westlichen Gang. Knowth hat, wie könnte es anders sein, eine bewegte Vergangenheit. Um 2500 vor Christus wurde die Anlage völlig verschlossen, 500 Jahre später wieder geöffnet. Auch aus der Eisenzeit und dem frühen Christentum gibt es Funde, im Mittelalter nahmen die Normannen von ihr Besitz, heute bewacht das Office of Public Work die gesamte Anlage. Von allen Gräberstätten im Boynetal hatte Dowth am stärksten unter Plünderungen und Zerstörungen zu leiden. Wohl auch ein Grund, warum man die Anlage nur aus der Ferne betrachten kann. Sie ist trotzdem ähnlich groß und beeindruckend wie Newgrange, wird aber der Legende nach mit der Macht der Dunkelheit und dem Druiden Bresal in Verbindung gebracht, der hier einen Turm errichten wollte, der bis in den Himmel reichte. Das musste natürlich scheitern. So werden die Ausgrabungen hier noch einige Jahre dauern, bis Licht ins Dunkel um Dowth kommt.

Osterfeuer in Slane

Nach so viel Geschichte gelüstet es den Wanderer der Neuzeit nach mehr weltlichen Genüssen, die er im hübschen Dorf Slane finden kann. Im Gourmet-Restaurant »The Poet's Rest« oder in »George's Patisserie«, beide geleitet vom Münchner Master of Culinary Art Georg Heise, lässt es sich trefflich über all die Legenden und Geschichten rund um Brú na Bóinne nachsinnen. Denen man noch die Besichtigung von Slane Castle, der Ruinen von Donaghmore und Dunmore Castle folgen lassen kann. Auch um den Dorfhügel von Slane ranken sich Geschichten aus vergangenen Tagen, als der heilige Patrick 433 hier das erste Osterfeuer entzündet haben soll. Das ärgerte König Laoghaire so sehr, dass er Patrick zu sich zitierte, um mit seinen Druiden den neuen Glauben auszudiskutieren. Als Unterstützung Patrickscher Argumentationslinie soll die Erde gebebt haben, was den König natürlich mächtig beeindruckte. Er ließ Patrick ziehen und Slane in Frieden.

DIE SCHLACHT AM BOYNE

Man weiß nicht, wie sich die Geschichte Irlands entwickelt hätte, wenn aus der Battle of Boyne ein anderer Sieger hervorgegangen wäre: Sie wäre auf jeden Fall anders verlaufen, als sie es nun einmal ist. Fünf Kilometer westlich von Drogheda standen sich am 1. Juli 1690 katholische und protestantische Heere am Boyne gegenüber. Die Truppen Wilhelms III. lagerten bei Townley Hall, die katholischen Kämpfer Jakobs II. hatten sich auf dem Donore Hill verschanzt. Wilhelm hatte die bessere Strategie, seine Soldaten überquerten an zwei Stellen den Fluss, umzingelten die katholischen Gegner und schlugen sie in die Flucht. Es kam im folgenden Jahr zwar immer wieder zu vereinzelten Kämpfen, doch die Engländer hatten endgültig die Macht in Irland übernommen. Über 60 000 Soldaten waren an dem Gemetzel beteiligt. Trotz des ansprechenden Besucherzentrums wird es noch einige Jahre dauern, bis das ganze Schlachtfeld archäologisch erschlossen und untersucht sein wird. www.battleoftheboyne.ie

WEITERE INFORMATIONEN ZU MEATH UND DEM BOYNE VALLEY

Meath Tourism, County Hall, Railway Street, Navan, County Meath, Tel. (0) 469097060, www.meathtourism.ie
Websites: www.knowth.com, www.slane.com, www.georgespatisserie.com

8 Monasterboice und Mellifont

Frühes Christentum in Louth

Irlands Hochkreuze sind ein wichtiger Beitrag zur europäischen Bildhauerkunst des frühen Mittelalters. In Monasterboice im County Louth stehen drei der bekanntesten Steinkreuze der Insel, und ganz in der Nähe kann man die Überreste des ersten irischen Zisterzienserklosters Mellifont besichtigen. Beide Stätten des Glaubens liegen noch heute etwas abseits der lärmenden Welt, hier genießt man das Gefühl von Ruhe und Frieden in ländlicher Umgebung.

Das Kloster Monasterboice mit dem imposanten Rundturm (oben) war ein bedeutendes religiöses Zentrum, dessen Hochkreuze wie das großartige Muirdach's Cross mit biblischen Motiven verziert wurden (rechte Seite).

Die kleinste irische Provinz, das County Louth an der Küste nördlich von Dublin, tritt immer mehr aus ihrem einstigen Schattendasein hervor. Hier hat man unter der Teilung Irlands besonders gelitten. Seitdem aber der Entspannungsprozess in vollem Gang ist, sind die Hoffnungen besonders groß, aus dem Dornröschenschlaf geweckt zu werden. Die einstige Industriestadt Drogheda und die Hafenstadt Dundalk profilieren sich als moderne Einkaufsstädte, das hübsche Carlingford und die unberührte Cooley-Halbinsel bieten dem Reisenden ein ursprüngliches Irland, in dem der Gast noch wie ein König behandelt wird.

Glaubenszentrum Monasterboice

Ein Friedhof so groß wie ein Fußballfeld, kleine Gräber, keltische Hochkreuze und ein mächtiger Rundturm, den krächzende Raben umfliegen. Der Wind pfeift über die benachbarten Felder, Blätter rascheln und verwehen zum Meer hin, Bauern gehen ihrer Arbeit nach, mächtige Wolken ziehen über das hügelige Land, Stille liegt über dem alten Klosterort Monasterboice und eine Erhabenheit breitet sich aus, die auch vom Ächzen der Vögel nicht gestört wird. Nur wenige Kilometer nördlich des Flusses Boyne stand um das Jahr 500 nach Christus das nach Clonmacnoise und Glendalough bedeutendste Kloster jener Zeit, gegründet vom heiligen Buithe, einem Schüler Patricks. Grabungen haben allerdings ergeben, dass hier schon in der Bronzezeit eine vorchristliche Kultstätte vorhanden war. Monasterboice war für viele Jahrhunderte ein wichtiges Glaubenszentrum Irlands, hier wirkte unter anderen der Mönch, Dichter und Gelehrte Flann Mainstreach. Im 10. Jahrhundert wurde das Kloster von den Wikingern besetzt, 989 konnte der König von Tara, Domnall, die Eindringlinge noch einmal vertreiben. Doch als

Die Steinkreuze von Monasterboice (unten) und das ehemalige Waschhaus der Mönche in Mellifont (Mitte): Im County Louth findet man wichtige Zeugnisse des religiösen Lebens der Insel. Irische Schulkinder besuchen die heiligen Stätten (rechte Seite unten). Mystische Steinfiguren (rechte Seite oben) regen die Fantasie an.

im 12. Jahrhundert das benachbarte Kloster Mellifont gegründet wurde, näherte sich die Glanzzeit von Monasterboice ihrem Ende.

Prachtvolle Hochkreuze

Der 30 Meter hohe Rundturm, dem heute die Spitze fehlt, gehörte sicher einst zu den höchsten seiner Art in ganz Irland, in ihm brachten die Mönche ihre wichtigsten Güter und Kulturschätze unter, wenn ein Überfall drohte. Von zwei Steinkirchen aus dem 9. Jahrhundert sind noch einige Grundmauern zu sehen, die eigentlichen Attraktionen aber sind drei prachtvoll verzierte Hochkreuze, die alle anderen Grabsteine überragen. Das imposanteste ist das Hochkreuz, das dem Abt Muiredach (887–923) zugeschrieben wird. Es ist über fünf Meter hoch und seine Spitze wird von einem Tempelbau gekrönt. Die wunderbaren Steinmetzarbeiten zeigen Tier- und Bibelmotive wie den Sündenfall, Kain und Abel, David und Goliath, Moses, die Weisen aus dem Morgenland, das Jüngste Gericht und Christus als Friedensrichter. Petrus, Paulus, der ungläubige Thomas, die Kreuzigung und am Sockel zwei Katzen, wie sie so oft auch im »Book of Kells« auftauchen, vervollständigen das Kunstwerk. Auch das Westkreuz beeindruckt mit über 50 Motiven, einzig das Nordkreuz ist einfacher gestaltet. Besonders zur Morgen- und Abendstunde lohnt sich der Besuch von Monasterboice, wenn alles wie in ein magisches Licht getaucht erscheint.

Zisterzienser in Mellifont

Zwischen Slane und Ardee liegt das von Malachias, dem Bischof von Armagh gegründete erste Zisterzienserkloster Irlands, Mellifont Abbey. Im 12. Jahrhundert hatten sich viele klösterliche Gemeinschaften in Irland mit einem durchaus angenehmen Leben arrangiert, Askese, Glaubenslehre und spirituelles Leben traten in den Hintergrund. Das sollten die strengeren Regeln des Bernhard von Clairvaux, den Malachais in Frankreich kennengelernt hatte, auf der Insel wieder ändern. Viele irische Christen begrüßten damals die Rückbesinnung auf den ursprünglichen Glauben, hatten den mächtigen Klöstern als Hort des Sittenverfalls und der Intrigen längst den Rücken gekehrt. So wurde Mellifont – in der »Honigquelle« lebten und arbeiteten zeitweise 400 Mönche – bald Stammhaus für weitere 21 Zisterzienserklöster in ganz Irland. Im Jahr 1242 fand hier eine Synode statt, in der die irischen kirchlichen Strukturen neu geordnet wurden.

Von Mellifont ging aber nicht nur neues Gedankengut aus, es veränderte auch den Baustil der Klosteranlagen des Landes, indem es kontinentaleuropäische Klöster als Vorbild nahm. So wurden alle Gebäude um einen rechteckigen Hof mit Kreuzgang gruppiert, nördlich davon stand die kreuzförmige Kirche. In Mellifont sind zwar nur noch die Grundrissmauern zu sehen, doch lässt sich unschwer die Größe und Bedeutung der Klosteranlage ablesen. Am besten ist das achteckige Waschhaus erhalten, das von einer unterirdischen Leitung mit dem Wasser des benachbarten Flüsschens versorgt wurde. Hier konnten sich die Mönche nach getaner Feldarbeit vom Schmutz befreien.

Charmantes Carlingford

Hübsch herausgeputzt hat sich auch das kleine Städtchen Carlingford, das sich an die Küste und den 590 Meter hohen Berg Slieve Foye anschmiegt. Mit seinen mittelalterlichen Gassen, den gepflegten alten Häusern, wehrhaften Stadtmauern und dem King John's Castle aus dem 11. Jahrhundert hat es sich seinen sympathischen Charakter vergangener Zeiten bewahrt. Carlingford ist darüber hinaus auch die Austernmetropole Irlands, im Lough wachsen über 20 Millionen Schalentiere heran, von denen nicht wenige beim Austern-Wettessen während des Oyster-Festivals Mitte August verspeist werden. Dann treffen sich in dem ansonsten eher beschaulichen Ort Musikanten, Kunsthandwerker, Händler und Gaukler aus allen Ecken der Insel, um in Carlingford ein großes Volksfest im Zeichen der Austern zu feiern. Danach geht es dann auf den 40 Kilometer langen Tain Trail, einen gut ausgeschilderten Wanderweg um die Halbinsel Cooley und die Berge herum. Unterwegs erreicht man den Slieve Foye Forest Park und Long Woman's Grave am Windy Gap. Dort soll eine spanische Prinzessin begraben liegen, die zwar ihrem irischen Prinzen gefolgt ist, aber das kühle Regenwetter an der Küste nicht vertragen hat. Auch die einst triste Industriestadt Drogheda mit ihren rund 32 000 Einwohnern hat sich in den letzten Jahren zu einer schicken Einkaufsstadt gemausert, ihre Eisenbahnbrücke über den River Boyne, St. Peter's Church und das Millmount Museum machen sie zu einem attraktiven Standort für Entdeckungen in die geschichtsträchtige Region.

KUNST UND CARS IM BEAULIEU

Hinter der mächtigen Eisenbahnbrücke in Drogheda liegt Beaulieu House, das erste unbefestigte Herrenhaus, das in Irland gebaut wurde. Lange bevor Palladio und der allgegenwärtige georgianische Stil im 18. Jahrhundert die Architektur auch in Irland überfluteten, wurde hier zwischen 1660 und 1666 ein Landsitz im anglo-niederländischen Stil geschaffen, der zwar weniger pompös, dafür aber mit schlichter Eleganz daherkommt. Die Ländereien gehörten ursprünglich der Plunkett-Familie, diese wurden von Oliver Cromwell jedoch enteignet und dem Marschall der Irland-Armee, Sir Henry Tichbourne, übergeben. Außer den schönen Gärten und der Kunstsammlung empfiehlt sich auch ein Besuch des Automobilmuseums, darunter so legendäre Rennwagen wie der Austin A40 Farina aus dem Jahr 1963 oder ein Blydenstein Vauxhall HC Viva von 1970 mit einem von nur 25 jemals gebauten Lotus-904-Motoren. www.beaulieu.ie

WEITERE INFORMATIONEN ZU LOUTH

Tourist Information, Mayoralty Street, North Quay, Drogheda, County Louth, Tel. (0) 9837070, www.drogheda.ie
Websites: www.heritageireland.ie
www.carlingford.ie
www.carlingfordadventure.com
www.louthholidays.com

RECEPTION

9 Hook Head

Irlands vergessene Schönheit

Die Halbinsel Hook, im Südosten zwischen Wexford und Waterford gelegen, vereint so ziemlich alles, was Irland-Romantiker suchen: Einsame Buchten, verlassene Ruinen, Steinwälle, fruchtbare Felder und saftige Wiesen, kleine Landstraßen mit meterhohen Fuchsienhecken und über allem ein dramatischer Wolkenhimmel. Einladende kleine Pubs und versteckte Restaurants bieten »drinks and meals« frisch gezapft und soeben aus dem Meer gefischt. Ein Ort, an dem man hängen bleiben kann.

Auf den ersten Blick fragen sich viele, die sich von Wexford aus in Richtung Waterford auf den Weg machen, um Dungarvan, Youghal und Cork zu besuchen, warum man einen Schlenker zum Hook Head machen sollte. Zu unspektakulär erscheint die kleine Halbinsel, die sich wie ein Seepferdchen in die Irische See streckt. Das ist allerdings nur der erste Eindruck, auf den man sich in diesem Fall nicht verlassen sollte. Denn wer näher und länger hinschaut, entdeckt die Schönheiten einer Halbinsel, die zwar keine spektakulären Touristenattraktionen bietet, dafür aber umso mehr eine harmonische Erholungslandschaft wie aus einem Guss.

Irisches Tintern Abbey

Die Irische See ist bekanntermaßen gelegentlich recht rau, eine Schiffsüberfahrt also nicht immer ein Vergnügen. Das war im Mittelalter nicht anders: Offenbar hatte William the Marshal Earl of Pembroke, im Jahr 1200 gerade zum Regenten über Leinster ernannt, einen ganz schlechten Tag erwischt. Die Überfahrt zu seinen neuen Ländereien in Irland überstand er mit knapper Not, was ihn dazu veranlasste, aus Dankbarkeit ein Kloster auf der Hook-Halbinsel zu bauen. Er nannte es Tintern Abbey, wie das berühmte Vorbild im walisischen Wyetal, über das der Gnädigste ebenfalls die Schutzherrschaft besaß. Sein irisches Tintern wurde folgerichtig mit Mönchen aus dem Waliser Mutterhaus besiedelt und entwickelte sich in den nächsten Jahrhunderten zu einem der prächtigsten und reichsten Zisterzienserabteien in ganz Irland. In den vergangenen Jahren wurde sie umfangreich restauriert, sodass dieses Kulturdenkmal wieder gefahrlos besichtigt werden kann, auch wenn in dem alten Gemäuer Fledermäuse ihre Nistplätze finden.

Der mächtige Leuchtturm am Hook Head hält Wind, Wetter und der tosenden See stand (unten und linke Seite). Bis Mitte des 17. Jahrhunderts wurde das Signalfeuer mit Brennholz entzündet. Tintern Abbey (Mitte) wurde im 12. Jahrhundert errichtet und war 4400 Jahre lang eine der bedeutendsten Zisterziensabteien Irlands.

Die Treppen zum Wohnraum der Leuchtturmwärter (oben, unten) führen hinauf zu einem noch gut erhaltenen Kreuzgewölbe aus dem Mittelalter (Mitte). Auch in Dunbrody Abbey lebten Zisterzienser (rechte Seite oben), die Festung am Hafen von Duncannon sollte vor der Armada schützen (rechte Seite unten).

Abtauchen am Hook Head

Schon die Fahrt zur Spitze der Hook-Halbinsel ist traumhaft, der Blick geht über weites, offenes Land aufs Meer hinaus oder an klaren Tagen hinauf zu den Galtee Mountains. Am Kap steht, wie könnte es anders sein, natürlich ein Leuchtturm. Allerdings ein besonders schönes Exemplar aus dem 13. Jahrhundert, was ihn zum ältesten Leuchtturm in Nordeuropa macht. Der schwarz-weiß gestreifte Turm hat ein Heritage Centre mit Café und Souvenirladen bekommen und kann auf Führungen besichtigt werden. Schon im 5. Jahrhundert sollen Mönche hier ein Leuchtfeuer unterhalten haben und wurden dafür von den Wikingern auf ihren Streifzügen verschont. Der erste Turm wurde Ende des 12. Jahrhunderts vom normannischen Heerführer Raymond le Gros errichtet. Auch wenn man heute nur mit einem Führer die 150 Stufen erklimmen darf, lohnt sich der Aufstieg dennoch. Der Blick von oben ist wunderbar, und unten wieder angekommen, kann man auf Spaziergängen am Kap so manche ins schwarze Kalksteinmassiv eingebrannte Fossilien entdecken. Bei Ebbe lohnen sich Ausflüge zu den Stränden und Buchten von Grange oder Baginbun, hier hat schon mancher zwischen Dezember und Februar Wale gesichtet. Auch für Vogelbeobachtungen eignet sich Hook Head ausgezeichnet, über 200 Arten wurden schon gezählt. Erfahrene Taucher finden unterhalb des Leuchtturms und an der Südwestspitze viele Grotten und bizarre Unterwasserlandschaften. Wem das Meer hier zu stürmisch ist, der versucht den Tauchgang bei Churchtown oder südlich von Slade Harbour.

Faulenzen in Fethard-on-Sea

Rund 330 Einwohner zählt das idyllische Fethard-on-Sea, das, wenn man diesen Begriff überhaupt benutzen darf, als Hauptort der Hook-Halbinsel gilt. Hier begann die Eroberung Irlands durch die Normannen im Jahr 1169, Reste der Befestigungsanlage und die Ruine einer Kirche aus dem 9. Jahrhundert sind noch zu sehen. Kleine B&B-Pensionen, ein Hotel und etwas nördlich vom »Zentrum« ein Camping- und Caravanpark laden zum Verweilen ein. Und natürlich eine Snackstube, die unter anderen leckeren Imbissen die besten Fish and Chips brutzelt, die man sich nur denken kann. Und in der einsamen Sandbucht von Baginbun findet man den richtigen Platz für die verdiente Mittagsruhe, ohne Gefahr zu laufen, von Wikingern, Normannen, Napoleon, der Armada oder von sonst jemandem überfallen zu

werden. Da strahlt der Leuchtturm am Hook Head doch viel zu schön, als dass man diesen idyllischen Landstrich verwüsten müsste.

Speisen in Duncannon

Auf dem Weg vom Leuchtturm zum zweiten Dorfzentrum Duncannon, an der Westseite der Halbinsel gelegen, passiert man das einladende Straßen-Pub »Templar's Inn«, schlägt aber diese freundliche Offerte zunächst einmal aus, um sich gegenüber die Reste einer mittelalterlichen Kirche anzuschauen. Heinrich II. war es, der den Templern hier Ländereien schenkte, auf denen die Ritter Templetown als ihren Hauptstützpunkt errichteten und in den folgenden Jahren die Gegend mit mehreren Gotteshäusern beglückten, so auch mit dieser Kirche. Neben der Kirche erkennt man auf einer Steinplatte Lamm und Kruzifix, das Zeichen des Templerordens. Der kleine Ferienort wirkt heiter und entspannt, hier gibt es keine Hektik und keine Touristenmassen, dafür einen wunderschönen Sandstrand und jedes Jahr im Juli ein internationales Sandskulpturen Festival, das nicht zur Jagd auf Preise ausgeartet ist, sondern noch immer das spielerisch-künstlerische Element in den Vordergrund stellt. Westlich von Duncannon liegt das gleichnamige Fort, das 1588 zur Abwehr eines Armada-Angriffs errichtet wurde. Hier wurden Teile des berühmten Filmepos »Der Graf von Monte Christo« gedreht. Zur Festung gehören heute ein Meeresmuseum und ein Café, doch gespeist wird natürlich im »Templar's Inn«, eines der schmackhaften Steak-Gerichte oder frische Meeresfrüchte, für deren Qualität die ganze Hook-Halbinsel bekannt ist.

ABTEI DER ZWEI GESICHTER

Die kompakte, idyllisch am Zusammenfluss des River Suir und Barrow gelegene Klosteranlage Dunbrody Abbey öffnet praktisch die Tore zur Hook-Halbinsel. Das 60 Meter lange gotische Kirchenschiff inmitten grüner Wiesen ist eine der beeindruckendsten Abteiansichten Irlands. Es wurde 1170 auf Befehl von Herve de Montmorency, einem Normanneneroberer in der Streitmacht des berühmt-berüchtigten Lord Strongbow, in Auftrag gegeben. Eine Besonderheit machte das Kloster weithin bekannt, musste es doch auf Geheiß von Montmorency auch Gesetzesbrechern Schutz gewähren. Das hatte scheinbar Auswirkungen auf die Mönchsgemeinschaft selbst, denn den Annalen des Jahres 1355 ist zu entnehmen, dass dem Abt und zweien seiner Mönche ein Pferdediebstahl bei ihren Glaubensbrüdern von Tintern Abbey vorgeworfen wurde. Man sollte also vorsichtig den Heckenirrgarten am Kloster betreten und rechtzeitig vor der Dunkelheit wieder draußen sein.
www.dunbrodyabbey.com

WEITERE INFORMATIONEN ZUR HOOK-HALBINSEL

Tourist Information, Main Street, Fethard-on-Sea, County Wexford, Tel. (051) 397502, www.thehook-wexford.com
Websites: www.visitduncannon.com
www.wexfordtourism.com
www.wexfordopera.com

10 Ardmore

Historisches Seebad mit Charme

Auf halber Strecke zwischen Cork und Waterford liegt ein kleiner historischer Badeort, der sich einen guten Ruf erworben hat: Ardmore verfügt nicht nur über schicke bunte Häuserzeilen und einen goldgelb leuchtenden Sandstrand, es setzt auch im gesamten Erscheinungsbild auf mehr Qualität statt Quantität. Über dem Seebad wacht ein Rundturm aus dem 12. Jahrhundert über die weitere Entwicklung des Ortes, der seinen Charakter als eines der schönsten Dörfer Irlands nicht verspielen will. Hier gibt es keine Gourmet-Restaurants wie in Kinsale, keine Shopping-Center und keine Vergnügungsviertel. Dafür kann man sich in Ruhe erholen, auf den Klippen wandern und den Spuren des St. Declan folgen. Dieser walisische Abt gründete schon im 5. Jahrhundert, also noch bevor St. Patrick Irland missionierte, hier das Kloster Ardmore. Der Sage nach soll ein großer Felsbrocken vor seinem Schiff hergeschwommen sein und ihm den Weg zu dieser Bucht angezeigt haben.
www.waterfordtourism.org/ardmore

Der Stein des heiligen Declan

Rund um Ardmore dreht sich fast alles um den heiligen Declan. Am Südende des Strandes liegt ein Findling, der sich geologisch deutlich von den Gesteinen der Gegend absetzt. Ob er nun jener Stein ist, der St. Declan den Weg von der walisischen zur irischen Küste gezeigt hat oder aber von der Eiszeit hier abgelagert wurde, kann jeder für sich selbst entscheiden. Tatsache ist aber, dass jeweils am 24. Juli, dem Namenstag des Heiligen, eine große Prozession stattfindet, die von der Klosterruine über St. Declan's Quelle bis zum besagten Stein am Strand von Ardmore führt, dem magische Kräfte nachgesagt werden.
www.ardmoretidytowns.ie

Der Rundturm von Ardmore ragt 30 Meter hinauf in den Himmel (Mitte), einer der beiden Ogham-Steine in der Klosterruine (unten) wurde in den Giebel des Oratoriums eingebaut. Die Skulpturen an der Westseite der wahrscheinlich ältesten Klosteranlage Irlands zeigen den Erzengel Michael, der beim Jüngsten Gericht die Seelen wiegt (unten rechts).

11 Rock of Cashel

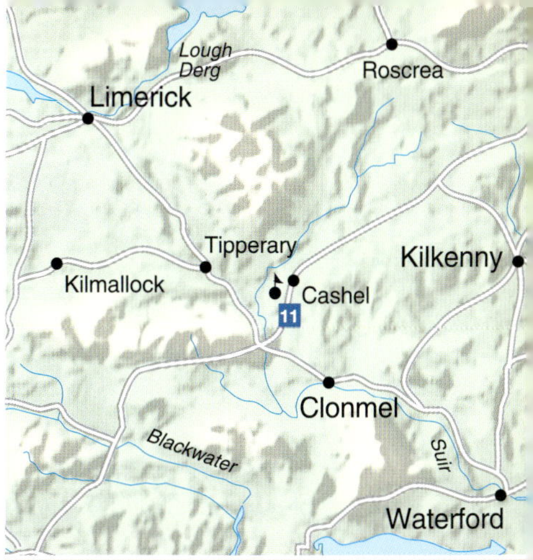

Irlands berühmtester Königsfelsen

Tipperary ist das Land im Süden der Insel mit einer schier endlos erscheinenden Ebene, kleinen grünen Hügeln und fruchtbarem Boden, aus dem plötzlich wie aus dem Nichts ein kleines Städtchen und der mächtige Rock of Cashel aufragen. Der Felsen ist eine der großen historischen Stätten Irlands, Sitz der Könige von Munster. Hier wurde im 10. Jahrhundert der tapfere Brian Boru zum König von Irland gekrönt, und im 12. Jahrhundert war der Rock of Cashel Sitz des Erzbischofs. Selbstverständlich war auch der heilige Patrick hier, um 450 muss es gewesen sein, als er im Kastell König Aengus zum Christentum bekehrte. Bei der Taufzeremonie stieß Patrick unbeabsichtigt und unbemerkt dem armen Aengus seinen Stab durch den Fuß, doch dieser ertrug die Schmerzen wortlos, weil er dachte, das sei Teil der Zeremonie. Eine mächtige Mauer umschließt noch heute einen kreisförmigen Hof, einen Rundturm, eine Kirche, die schönste romanische Kapelle Irlands und einen Friedhof mit mehreren Hochkreuzen. Eine schaurig-schöne Atmosphäre geht vom Rock of Cashel am Abend aus, wenn die Dämmerung hereinbricht und die Spitzen und Türme der ehrwürdigen Gemäuer wie Wächter aus einer anderen Welt erscheinen.
www.cashel.ie

Logieren wie die Könige

Wer im Schatten des Rock of Cashel eine der Bedeutung des Ortes angemessene Übernachtungsmöglichkeit sucht, bettet sein müdes Haupt am besten in die weichen Kissen des »Cashel Palace Hotels«. Rock View natürlich inbegriffen, selbst ein privater Fußweg zum Felsen fehlt nicht. Das 1730 im Auftrag von Erzbischof Theophilus Bolton vom berühmten Architekten Edward Pearce entworfene Haus mit der roten Backsteinfassade aus der Queen-Anne-Ära überzeugt tatsächlich mit unaufdringlicher Eleganz und herzlicher Gastfreundschaft. Und in den Gärten finden sich Nachkommen jener Hopfenpflanze, mit der vor über 250 Jahren das erste Guinness gebraut wurde. Wenn das kein königliches Zusammentreffen ist.
www.cashel-palace.ie

Hore Abbey am Hang in Cashel war die letzte Zisterziensergründung Irlands (links). Den Rock of Cashel (Mitte) kann man umwandern, die Innenräume wurden wie Klöster in Frankreich und Italien gestaltet (unten).

Durch die viktorianischen Gemäuer von Kilkenny Castle spukt der Geist der Petronella, die hier 1324 als Hexe auf dem Scheiterhaufen starb (rechte Seite). Zahlreiche Pubs, von traditionell bis fetzig, sind in der High Street und der Parliament Street zu finden (Mitte und unten).

12 Kilkenny und Jerpoint

Das Mittelalter hat überlebt

Auch im Landesinnern hat Irland einige Reiseziele zu bieten, die den Küstenregionen an Attraktivität keineswegs nachstehen. Das County Kilkenny im Südosten zum Beispiel ist mit seinen Tälern der Flüsse Barrow, Nore und Suir, dem normannischen Erbe, einer stolzen Kilkenny Town und prächtigen Klöstern wie Jerpoint Abbey eine Entdeckungsreise wert.

Wer durch die Grafschaft Kilkenny reist, findet an Landschaften alles, was er sich unter Irland vorgestellt hat: Sanfte Hügel, Wiesen und Täler in allen Grünschattierungen, kleine Flüsse, romantische Ortschaften mit mittelalterlichen Gassen, mit dickem Moos bewachsene Feldsteinmauern und Relikte der jahrhundertealten irisch-normannischen Geschichte, die sich in ganz Kilkenny erhalten haben, als seien sie ein Puzzle der Vergangenheit, das zusammengesetzt werden will, um die Gegenwart zu verstehen.

Die Katze lacht in Kilkenny Town

Schon die Stadt Kilkenny selbst steckt voller Geschichte. Von den Normannen gegründet, hat sich Kilkenny sein mittelalterliches Erscheinungsbild bewahrt. Mächtige alte Steinhäuser in verwinkelten Gassen, das trutzige Kilkenny Castle, die St. Canice's-Kathedrale mit dem 65 Meter hohen Turm, die Black Abbey, mittelalterliche Stadtmauern und Tore, mancher fühlt sich nach Rothenburg ob der Tauber versetzt. Heute besitzt Kilkenny bürgerliches Flair, städtische Eleganz und ländlichen Charme gleichzeitig, ist »modern« und »rural« zugleich. Dabei bedeutet »rural« weit mehr als »ländlich«. Es beschreibt eine ganze Lebensphilosophie, die zwar auf dem Landleben basiert, aber bitte mit Stil und Etikette. Man braucht schon eine ganze Reihe weiterer Adjektive, um dieses Lebensgefühl zu fassen: charmant und idyllisch, ruhig und dezent, geordnet und gediegen, höflich, naturverbunden und gesund. Der Inbegriff des »rural Ireland« sind die sanften Landschaften der Grafschaft Kilkenny, selbst Iren schwärmen von dieser Gegend. »Ireland at its best« ist da nicht übertrieben. Wer also das gute alte Irland entdecken will, der ist hier im Südosten und in Kilkenny Town genau richtig. Den Leuten aus Kilkenny sagt man nach, ihnen fehle das Gen zum Aufhören. Ein Umstand, der beim Feiern durchaus seine Vorteile hat. Ob ein wichtiges Hurling Game ansteht, das

St. Canice's Cathedral in Kilkenny ist Irlands zweitgrößte Kathedrale (oben), Jerpoint Abbey weist im Kreuzgang Steinskulpturen auf, die menschliche Schwächen aufs Korn nehmen (Mitte und unten). Das Rothe House verbindet Wohn- und Wirtschaftsgebäude (rechte Seite oben). Verträumte Kleinstadt am Fluss: Graiguenamanagh (rechts unten).

berühmte Kilkenny Arts Festival, das Cat Laughs Comedy Festival oder das Kilkenny Celtic Festival, hier gibt es das ganze Jahr hindurch etwas zu feiern.

Der Ritter von Jerpoint Abbey

Kaum ein mittelalterliches Kloster in Irland ist so gut erhalten wie Jerpoint Abbey. Alles ist still, kein Wind und kein Laut wehen über die Hügel. Majestätisch thront der Mond über Jerpoint Abbey. Nur ein Ritter steht einsam am Tor, schaut über die jetzt silbern glänzende Wiese. Noch einmal lässt er den Tag vorbeiziehen. Es war ein guter Tag. Die Mönche sind zufrieden, haben Lachs gefangen, den frisch zubereiteten Fisch am Lagerfeuer gekostet, und er hat ihnen sehr gemundet. Und es ist genug für die nächsten Tage zum Räuchern gefangen worden. Was will man mehr? Die Besucher werden wiederkommen, vielleicht, vielleicht auch nicht. Langsam wendet sich der gepanzerte Recke ab von den ins sanfte Mondlicht getauchten Wiesen, trottet gemächlich zurück zum Kloster, schaut noch einmal nach, ob alle Eingänge fest verschlossen sind, die Lanzen ragen gekreuzt in den schwarzen Himmel, wie Bohnenstangen in den Kies gestemmt. Er wird noch einen Schluck zu sich nehmen und schlafen gehen. Die Nacht wird ruhig und klar bleiben, der Mond das schlafende Jerpoint Abbey und seine Gemeinschaft der Zisterzienser bewachen. Alles ist im Lot, Gott sei Dank. Das Leben geht seinen geregelten Gang, der Ritter schaut noch einmal über die Hügel und zum Himmel: Könnte morgen ein guter Tag werden. Damit wäre auch das Rätsel gelöst, warum Jerpoint, im 12. Jahrhundert gegründet, in so einem guten Zustand ist und was die außergewöhnlichen Steinfiguren im Kreuzgang, die Heiligen und die Ritter, zu bedeuten haben. Bleibt noch herauszufinden, ob der heilige Nikolaus hier begraben liegt, von den Kreuzrittern aus Myra hierhergebracht. Aber das ist eine andere Geschichte.

Die Wolken von Graiguenamanagh

Kilkenny ist ein Wanderparadies, ganz besonders in der Gegend um die romantische Kleinstadt Graiguenamanagh an den Ufern des Barrow River. Dabei faszinieren nicht nur die abwechslungsreiche Landschaft des Flusstals und der Wiesen, Weiden und Hügel, man bekommt auch eine kostenlose Lektion in Wolkenkunde. Cirrus, Cumulus und Stratus oder doch vielleicht eine Strato-Cumulus-, wenn nicht sogar eine Nimbus-Wolkenformation? Unsere Beziehun-

gen zu den Wolken sind ja bekanntlich höchst unterschiedlich. Der Luftikus in uns will sie studieren, um herauszufinden, ob er vielleicht doch eine Regenjakke hätte einpacken sollen. Der Sonnenanbeter wirft meist nur einen kurzen, prüfenden Blick zum Himmel, um sich dann genüsslich weiterhin seinem Sonnenbad zu widmen. Der melancholisch Veranlagte verweilt viel länger mit seinen Augen in der Höhe und hängt seinen Träumen nach. Das Kind in uns entdeckt Riesen mit gekrümmter Nase, Ritter mit Lanzen zu Pferd und Feen mit geschwungenem Zauberstab. Einer Verzauberung der besonderen Art unterliegt man, wenn man beim Wandern in Kilkenny die Weite des Himmels und die Gestaltenvielfalt der Wolken lesen lernt. Hier erfahren wir, von unsichtbarer Hand geleitet, wie sich Schäfchenwolken, jene französische Bezeichnung, die sich Mitte des 19. Jahrhunderts in die revolutionäre Wolkenklassifizierung des Engländers Luke Howard von 1802 einschlich, auf das Wetter in der Gegend von Graiguenamanagh auswirken. Und wir lernen Gelassenheit, denn ändern können wir das Wetter jetzt und hier und gleich sowieso nicht. Aber wir können gerade hier im Südosten Irlands einzigartige Wolkengebilde erleben, flüchtige Erscheinungen am Himmel ebenso wie dramatische Gebilde mit metaphorischem Reiz. Wenn wir uns dann vor Augen führen, dass niemand ein und dieselbe Wolke zweimal sehen kann, lohnt sich der Blick beim Wandern sowohl in die Weite der Hügellandschaft mit ihren Erscheinungen als auch zum Himmel über uns. Spätestens an der schönen, mit sechs Bögen ausgestatteten Steinbrücke in Graiguenamanagh sollte man den Blick wieder in die Horizontale legen, sonst holt man sich nasse Füße, und das will doch keiner.

KINDERREICHE KAUFMANNSFAMILIE

Eine Großfamilie mit einer stattlichen Anzahl an Kindern war im Mittelalter keine Seltenheit, das Single-Dasein den Eremiten vorbehalten. Über einen großen Kindersegen konnte sich auch die Familie von John Rothe und seiner Frau Rose Archer freuen, zwölf an der Zahl galt es großzuziehen. Das von 1594 bis 1604 erbaute Wohn- und Geschäftshaus an der Parliament Street in Kilkenny samt Garten, eigener Bäckerei und Brauerei wurde bis 1691 von der angesehenen Kaufmannsfamilie und ihren Nachkommen bewohnt und gilt heute als der einzige in Irland noch erhaltene Gebäudekomplex dieser Art aus der Tudorzeit. Auch das Museum zur Stadtgeschichte Kilkennys ist hier untergebracht. Eine Kostümsammlung, ein Wikingerschwert, ein kunstvoll verziertes Dachgebälk und weitere archäologische Funde aus dem County lassen das 16. und 17. Jahrhundert wieder auferstehen.
www.rothehouse.com

WEITERE INFORMATIONEN ZU KILKENNY

Tourist Information Office, Shee Alms House, Rose Inn Street, Kilkenny, Tel. (056) 7751500, www.kilkenny.ie
Websites: www.stcanicescathedral.ie, www.kilkennyarts.ie, www.celticfestival.ie, www.kilkennydesign.com, www.thecatlaughs.com

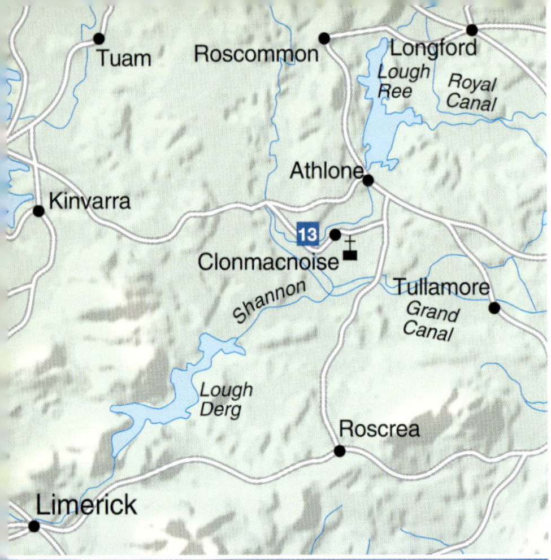

Bereits im Mittelalter war Clonmacnoise Pilgerziel für Gläubige aus ganz Europa (Mitte), die zahlreichen Hochkreuze (unten) belegen, dass hier eine große Klosterstadt entstanden war. Überall findet man Ornamente aus dem Leben der Mönche und Bauern (rechte Seite oben). Von den zwei Rundtürmen fehlt dem O'Rourke Tower die Spitze (rechte Seite unten).

13 Clonmacnoise

Friedlicher Klosterort am Fluss

Das zu den am besten erhaltenen Klöstern Irlands gehörende Clonmacnoise wurde im Jahr 548 vom heiligen Ciarán am Ufer des River Shannon gegründet. Seine exponierte Lage war zugleich auch seine Achillesferse, doch trotz zahlreicher Überfälle spielte es für mehr als 1000 Jahre eine entscheidende Rolle im christlichen Irland. Seine Hochkreuze sind wichtige Zeugnisse des Glaubens und der hohen Handwerkskunst des 8. und 9. Jahrhunderts.

Sanfte Hügel, kleine Inseln im Fluss, Wiesen mit blühenden Blumen und großen Granitsteinen, die an vielen Stellen die Grasnarbe durchbrechen. Fische, die in der Abendsonne nach Mücken springen und ein leichter Wind, der die Blätter der Laubbäume zum Rascheln bringt: Wohl keine andere Landschaft hat dem heiligen Ciarán so gefallen und seine Seele berührt wie die sanften Hügel rund um Clonmacnoise im County Offaly. Und noch heute wird man hier von der Schönheit der Natur, den Wiesen, den Mooren und dem ruhig dahin gleitenden River Shannon überwältig. Clonmacnoise geht einem nahe, ob man als Pilger oder einfacher Besucher hierherkommt, man verlässt den zauberhaften Ort verändert.

Der heilige Ciarán

Ciarán lebte nur ein Jahr in Clonmacnoise, er war der Sohn eines Zimmermanns und starb schon im Alter von 33 Jahren, von der Pest gezeichnet. Es gibt auffallend viele Parallelen zum Leben von Jesus Christus. Ciarán verbrachte den größten Teil seines Lebens nach seiner Probezeit mit dem heiligen Finnian in Clonard in der Grafschaft Meath, dann zog er von einer großen Klosterschule zur nächsten. Er besuchte das Sankt-Endas-Kloster auf Inishmore und Sankt Senan auf der Insel Scattery. Sein Wunsch nach Erkenntnis und tiefem Glauben war scheinbar unstillbar, demütig sog er alles Wissen seiner Zeit auf und ließ es in die Gründung von Clonmacnoise einfließen. So wurde es zu einem der wichtigsten Klöster Irlands und Grabstätte der irischen Hochkönige von Connaught und Tara. Die Erinnerung an Ciarán lebt in vielen Geschichten und Legenden weiter. So soll er eine Kuh besessen haben, die so viel Milch gab, dass das ganze Kloster davon leben konnte. Aus ihrer Haut wurde das Leder für den Einband des »Book of Dun

Cow« hergestellt, das mit den »Annals of Clonmacnoise« und den »Annals of Tigernach« zu den berühmten Handschriften zählt, die im Scriptorium des Klosters Clonmacnoise erarbeitet wurden. Nach mehreren Wikinger- und Normannenüberfällen begann Clonmacnoise ab dem 13. Jahrhundert zu verfallen, 1552 legte die englische Garnison aus Athlone Clonmacnoise in Schutt und Asche.

Das religiöse Zentrum Irlands

Noch heute besuchen Tausende Pilger und Gäste an Ciaráns Ehrentag, dem 9. September, das Kloster am Fluss. Die meisten kommen auch heute noch so, wie es die Pilger zu Ciaráns Zeiten taten: mit einfachen Booten den Shannon hinauf. Das heutige Bild der Anlage bezieht seine Faszination, die von ihr ausgeht, aus dem Zusammenspiel von Ruinen, Hochkreuzen, Rundturm und der Flussbiegung, die wie ein Strom des Lebens an Clonmacnoise vorbeizieht. Das bedeutendste Hochkreuz ist das Bibelkreuz, mit seinen vier Metern Höhe eines der kunstvollsten in ganz Irland. Es thematisiert das Jüngste Gericht, die Kreuzigung und das Grab Christi. Clonmacnoise besitzt auch eine große Zahl an Grabtischen und neben sechs kleineren Kirchen die Überreste einer Kathedrale aus dem 12. Jahrhundert. Besonders beeindruckt aber die kleine Kirche des Ciarán mitten in der Anlage, in der der Heilige begraben liegt. Sie ist mit vier mal drei Metern zwar die kleinste Kirche, doch geht von ihr eine große Kraft aus, die jeder spürt, ob er nun gläubig ist oder nicht. Am Eingang zum Klosterkomplex wurden drei kegelförmige Hütten in der traditionellen Bauweise der Mönche errichtet, die ein Museum und Ausstellungen zu Clonmacnoise beherbergen. Selbst der Einführungsfilm ist ein sehr gelungenes und einfühlsames Werk über die große Bedeutung dieses außergewöhnlichen Ortes am Shannon für die irische Geschichte.

MIT DER BAHN DURCHS BLACKWATER MOOR

Wer einmal so richtig in eine weite Moorlandschaft eintauchen und trotzdem keine nassen Füße bekommen will, der kann das mit der Clonmacnoise & West Offaly Railway Bog Tour erleben. Mit einer Diesellokomotive auf den Schienen einer Schmalspurbahn geht es mitten ins Herz des Blackwater Moors. Früher diente die Bahn als Transportmittel für den Torf, das hat sich erledigt, seitdem sich große Torferntemaschinen wie Ungeheuer durch die Landschaft fressen. Nicht gerade zur Freude der Umweltschützer. Heute gehören etwa zehn Prozent der irischen Torfmoore der halbstaatlichen Torfabbaugesellschaft Bord na Mona, die vor allem in den strukturschwachen Gebieten den Menschen in ihren Torfkraftwerken Arbeit gibt. So tuckert das Bähnchen gemütlich durch das Moor, stoppt hier und da, um das sensible Ökosystem zu erklären und den Besuchern die Möglichkeit zu geben, sich im Torfstechen auf die traditionelle Art mit dem Spaten zu üben. www.bnm.ie

WEITERE INFORMATIONEN ZU CLONMACNOISE

Clonmacnoise, Shannonbridge, Athlone, County Offaly, Tel. (090) 9674195, www.heritageireland.ie

MARY JOE

14 River Shannon

Magie eines Flusses

Die Flüsse und Seen Irlands bieten eine Vielzahl an Wassersportmöglichkeiten, bei den Freizeitkapitänen ist der Shannon ganz besonders beliebt. Entlang der Grafschaften Clare, Limerick, North Tipperary und South Offaly verbindet er spektakuläre Küsten, saftiges Weideland und idyllische Seen mit attraktiven Städten und kleinen Dörfern, urigen Pubs und historischen Burgen. Die Shannon-Region hat einen speziellen Zauber, genährt von einem majestätisch dahingleitenden Strom, der große Gelassenheit ausbreitet.

Viele Irlandbesucher gehen auf Entdeckungsreise, nutzen dabei die Küstenstraßen und umrunden so die Insel, immer das Meer im Blick. Es geht auch anders, denn mit dem Shannon, seinen Nebenflüssen und den großen Seen vom Lough Derg bis zum Lough Erne bilden die irischen Midlands Europas größtes Binnenrevier. Mit dem Hausboot unterwegs zu einsamen Angelgründen auf der Suche nach dem Lachs der Weisheit, immer mehr Erholungssuchende tauschen am Shannon Airport das Flugzeug gegen ein kleines Boot ein und tuckern den Shannon hinauf. Eine Entdeckung der Langsamkeit in der Mitte Irlands und eine Alternative zur Küstentour.

Ein fünffaches Hoch auf Limerick

In Limerick, der Hauptstadt der gleichnamigen Grafschaft an Irlands Westküste, kann man sich noch einmal so richtig austoben, bevor man sich der Ruhe des Shannon übergibt. Die Stadt an der Shannon-Mündung ist nicht nur als Rugby-, Gaelic Football- und Hurling-Hochburg bekannt, man ist auch stolz auf zahlreiche Golfplätze, Pferde- und Windhundrennbahnen. Dazu gehört dann selbstredend eine Vielzahl an Pubs and Restaurants, Wettbüros, Musik- und Shoppingtempeln, in denen man das gewonnene Geld wieder unter die Leute bringen kann. Als lebhafte Universitäts- und Kulturstadt hat Limerick in den vergangenen Jahren kräftig sein Image aufpoliert, weg vom Aschenputteldasein im Zeichen der fünfzeiligen Verse, hin zu einer modernen Großstadt, in der Altes und Neues gut miteinander harmonieren. Bereits vor 800 Jahren erhielt Limerick seine Stadtrechte. Die größte Sehenswürdigkeit, neben dem schmucken Stadion Thomond Park, in dem im Oktober 1978 in einem unvergessenen

Regenwolken liegen über dem Land, im kleinen Cottage prasselt das Torffeuer (linke Seite oben). Die Normannenburg King John's Castle (Mitte) thront in Limerick über dem Fluss, auf dem die Ruderboote in der Minderzahl sind (linke Seite unten). Pubs entlang des River Shannon gibt es genügend (unten).

Schleusen überwinden gehört am Shannon zum täglichen Handwerk (oben). Im »Hough's Pub« in Banagher löscht man den Durst (Mitte). In Shannonbridge ist die Zeit in der Hafenanlage stehen geblieben (unten). Wie Wächter der Vergangenheit stehen die Kreuze von Clonmacnoise am Fluss (rechte Seite unten).

Match das Munster-Team die neuseeländischen All Blacks 12:0 besiegte, ist St. John's Castle auf der Halbinsel zwischen dem River Shannon und dem Abbey River. King's Island ist zugleich der älteste Stadtteil Limericks. Gegenüber im Newtown Pery Viertel findet man wunderbare georgianische Stadtarchitektur. King John stattete im Jahre 1210 Limerick einen Besuch ab, um sich über den Fortgang der Bauarbeiten an seiner Burg persönlich zu informieren, vielleicht kam ihm ein Limerick über »his majesty himself« zu Ohren, wiedergekommen ist er jedenfalls nicht. Dabei ist die normannische Burg durchaus sehenswert, denn auch hier hat man die Kombination von alten Festungsmauern mit einem modernen Besucherzentrum aus Stahl und Glas gewagt, die ins Auge fällt. Wem das zu modern erscheint, stattet dem »Nancy Blake's Pub« in der Upper Denmark Street einen Besuch ab, hier ist alles noch wie anno dazumal.

Siannan und der Baum der Weisheit

Der Bootsmotor tuckert leise und langsam vor sich hin, Schwäne gleiten über das Wasser, Vögel zwitschern am Ufer, das Hausboot schaukelt gemächlich auf den sanften Wellen, und Blesshühner tauchen auf und ab, so vergeht die Zeit ohne Stress und Gedanken an die 345 Kilometer, die der Shannon sich unbegradigt durch die Ebene schlängelt. In Carrick-on-Shannon, das seit der Vollendung des Shannon-Erne-Waterways einen großen Aufschwung erlebt hat, erinnert eine Tafel an die Entstehungslegende des Flusses. Siannan, die Tochter des Meeresgottes Manannan Mac Lir, reiste einst zum Shannon Pot am Cuilcagh Mountain, einem kleinen See in der Umgebung von Enniskillen, in dem die Quelle des Shannon sprudelt. Dort hatten die Druiden einen Baum des Wissens gepflanzt. Siannan griff nach den verbotenen Früchten, und kaum hatte sie einen Bissen heruntergeschluckt, erhob sich der See, riss Siannan in die Tiefe und trug sie mit einer gewaltigen Flutwelle durch das Land. So entstand der Fluss Shannon, der auf ihren verbotenen Bissen vom Baum der Weisheit zurückgeht. Nicht nur sein Flusslauf ist abwechslungsreich, seine wechselnden Uferlandschaften sind ein Genuss für das Auge und die Seele; auch wechselt die Strömung von gemächlich bis stärker, mal sind seine Wasser kristallklar, dann wieder torftrüb und blaugrün. Immer aber ist der Shannon ein Paradies für Angler, ob Hecht oder Friedfische, am Shannon findet sich immer ein Plätzchen, an dem sie anbeißen.

Lough Derg, Ree, Allen und Lough Key

Zum Anbeißen und Verlieben sind auch die großen Seen, in die der Shannon eingebettet ist. Da ist zunächst der Lough Derg zu nennen, an dessen Südende das Dorf Killaloe vor rund 1000 Jahren Residenz des Königs Brian Boru war. Die Berge um den See, die vielen kleinen Buchten und Häfen machen die Schönheit dieses 13 000 Hektar großen Gewässers aus. Es ist diese imposante Größe des Lough Derg, die eine völlige Abgeschiedenheit ermöglicht, wo andererseits aber ein kleiner Ort mit gastfreundlichen Bewohnern niemals weit entfernt ist. Ob Port-

umna, Dromineer, Mountshannon, Nenagh oder Scariff, überall findet man irische Traditionen und zeitgemäße Freizeitangebote.
Der weitverzweigte Lough Ree liegt mitten im geografischen Herzen Irlands. Südlich von Tarmonbarry schlängelt sich der Shannon durch eine flache Moorlandschaft mit nur wenigen Ansiedlungen. Der See ist immerhin 32 Kilometer lang und bis zu zehn Kilometer breit; der Sage nach liegt im Lough Ree eine versunkene Stadt, einige der 50 Inseln im See waren einst von Mönchen bewohnt. Über Lough Ree breitet sich eine geheimnisvolle, fast unwirkliche Stimmung aus, die Klosterruinen auf den Inseln Inchcleraun, Inchbofin und Hare Island verstärken diese mystische Atmosphäre. Auf Hare Island ließ sich eine Zeit lang auch der heilige Ciarán nieder, bevor er weiter in Richtung Süden zog und Clonmacnoise gründete. Die weiter flussaufwärts gelegenen Lough Allen und Lough Key sind zwei Binnenseen mit unterschiedlichem Charakter. Manche Freizeitkapitäne, aber auch Landratten bezeichnen den Lough Key mit dem herrlichen Städtchen Boyle am Westufer als den schönsten See im Shannon. Das kann jeder für sich selbst entscheiden, denn auch der weiter nördlich gelegene Lough Allen hat seine Reize. Er misst zwar nur eine Länge von zwölf Kilometern, liegt aber majestätisch da wie ein Fußabdruck der Riesen vergangener Zeiten. Seine Ufer säumt eine wilde, verlassen erscheinende Natur, im Osten wacht der Iron Mountain, an der Westküste findet man die Kohleberge von Arigna. Der Shannon und seine Ufer sind auch hier höchst abwechslungsreich.

BOGEY FRIERT IN FOYNES

Das verträumte Nest Foynes an der Shannon-Mündung würde niemanden anlocken, wäre da nicht die Geschichte von Bogey, dem Irish Coffee und den Wasserflugzeugen. Zwischen 1939 und 1945 war Foynes das Weltzentrum des Atlantikflugverkehrs. Hier landete am 9. Juni 1939 das Luxuswasserflugzeug »Yankee Clipper«, der erste direkte Passagierflug zwischen den USA und Europa. Viele Prominente von John F. Kennedy bis Humphrey Bogart folgten und betraten in Foynes irischen Boden. Bogey muss am späten Novemberabend 1942 dabei einen so verfrorenen Eindruck gemacht haben, dass der Küchenchef des Flughafens, Joe Sheridan, ihm einen Schluck Whiskey in den Kaffee gab. »Mein Freund, ist das brasilianischer Kaffee?« »Nein, das ist Irish Coffee«, antwortete Joe – eine Legende war geboren.
www.flyingboatmuseum.com

WEITERE INFORMATIONEN ZU LIMERICK UND DER SHANNON-REGION

Shannon Region Tourist Office, Arthurs Quay, Limerick City Centre,
Tel. (061) 317522,
www.discoverireland.ie/shannonregion
Websites: www.shannonheritage.com
www.visitlimerick.com
www.waterwaysireland.org
www.arignaminingexperience.ie

Das Staigue Fort bei Kenmare stammt aus dem 3. Jahrhundert (oben), die Schulkinder von Dingle Town versprühen als echte Kerry boys Witz und Lebenslust (Mitte). Auch die Fischerei mit kleinen Booten findet an der Westküste noch ihren Raum (unten). Die acht Kilometer langen Cliffs of Moher sind ein beeindruckendes Naturschauspiel (rechtes).

Städte und Küsten von Cork bis Donegal

Auf dem Kirchturm von St. Anne's in Cork dreht sich der Wetterlachs im Wind (oben). Die Kathedrale von St. Finbarre ist das Meisterwerk von William Burges, ihr Glockenspiel ist weithin zu hören (rechte Seite).

15 Cork City

Die Stadt, der Jazz und der Durst

Irland steckt voller Geschichten. In Cork, der zweitgrößten Stadt der Republik, kommt noch etwas hinzu: südländische Lebensfreude und ein Schuss Rebellentum. Die Stadt hat sich in ihrer Geschichte einen Namen als Widerstandsnest gemacht, noch heute gelten die 140 000 Corkonians als selbstbewusst, geistreich und witzig. Das stellen sie besonders im Herbst während des Cork-Jazzfestivals unter Beweis. Da bleiben kein Auge und keine Kehle trocken.

Nur Reisen ist Leben, wie umgekehrt das Leben Reisen ist.« Das stammt nicht von Jonathan Swift, William Butler Yeats oder James Joyce, den irischen Klassikern der Weltliteratur, sondern von Jean Paul, jenem Freidenker unter den deutschen Romantikern, der mit seinen unkonventionellen Schriften und absonderlichen Figuren gut nach Cork gepasst hätte. Nach dieser Erkenntnis ist das Leben ein unentwegtes Suchen nach dem Ziel. Keine Sorge, man wird Sie hier nicht länger mit existenzialphilosophischen Diskursen langweilen, doch wer nach Cork reist, sollte sich darauf gefasst machen, dass an fast jeder Ecke ein Philosoph mit seinen Geschichten lauert, der dem Fremden den Weg weist, wohin auch immer. Und eine Vorwegnahme sei erlaubt: In Cork, der aufregenden, lebendigen und doch melancholischen Rebel City am Fluss Lee, scheint man dem Ziel sehr nahegekommen zu sein.

Taxi zur City

Die Kunst des Geschichtenerzählens von Humoresken und kleinen Tragödien ist im Alltag der Corkonians so tief verwurzelt wie der Wechsel von Sonne und Regen. Man braucht nur Augen und Ohren offen zu halten und ein wenig Muße signalisieren, schon wird man vom Zuhörer zum Mitspieler, denn es gibt kaum etwas, das den Einwohnern Corks so viel Spaß macht wie eine gute Unterhaltung unter Freunden. Da ist zum Beispiel die Geschichte einer Taxifahrt vom Flughafen Cork in die Innenstadt. Wer außerhalb des Airport-Gebäudes ein Taxi sucht, wird nicht selten von einem netten Herren mit kleinem Aktenkoffer angesprochen, nennen wir ihn Paddy. Der fragt dann zuerst einmal mit entwaffnendem Lächeln, woher kommst du, was machst du hier, wie viele Kinder hast du, weißt du schon, dass es wegen dem verdammten Jazz-Weekend keine Zimmer mehr in Cork gibt und was

FUNERAL HOME

Die viktorianischen Markthallen bieten alles, was das Herz begehrt (oben). Der Fähr- und Frachthafen am River Lee (Mitte). St. Mary's Church am Pope's Quay ist eines der schönsten Gebäude der Stadt (unten). In der St. Patrick Street schlägt der Puls der Stadt (rechte Seite unten). In kleinen Brauereien kann man entspannen (rechte Seite oben).

hältst du vom Wetter, bevor er sagt, was er eigentlich will: Wir könnten uns das Taxi in die Stadt teilen.

Jazz vom Feinsten

Oder die Geschichte des Cork-Jazzfestivals. Dass der Hauptsponsor Guinness heißt, stört keinen; so dürfen auch die Dubliner die Stadttore Corks im Oktober ungehindert passieren. Außerdem braucht man sich keine Sorgen zu machen, denn der goldene Engel auf der St.-Finbarre-Kathedrale läuft der Legende nach grün an, wenn das Ende der Welt naht, und seine Posaunenklänge sollen angeblich alle Corkonians so früh warnen, dass genug Zeit bleibt, sich in Sicherheit zu bringen. Wenn zu viele Dubliner kämen, würde er sich sicher melden. Wenn das Guinness-Cork-Jazzfestival in vollem Gang ist, gibt es kein Entrinnen. Die 40 000 Besucher aus aller Welt, die jährlich über zehn Millionen Euro in die Stadt bringen, um das mittlerweile zu den bedeutendsten Jazz-Events Europas aufgestiegene Musikfest mitzufeiern, verwandeln das ansonsten meist nur als Durchgangsstadt benutzte Cork in ein Meer aus Gesang, Tanz und Lebensfreude. Die Nächte werden zum Tag und die Tage zur Nacht, im »Imperial Hotel« an der South Mall, der »Oyster Bar« auf der Market Lane, im »Old Oak Pub« an der Plunkett Street, im »Reardens« oder der »Lobby Bar« am Union Quay, überall wird geswingt, getanzt, gesungen und getrunken. Als 1978 ein paar verwegene Jazzfans aus Cork das erste Festival organisierten, dachte keiner daran, dass daraus einmal eine Veranstaltung wird, die in einem Atemzug mit Montreux und Newport genannt wird. Heute gibt es an vier Tagen nonstop Live-Jazz vom Feinsten, und die Großen der Szene von Ella Fitzgerald bis Oscar Peterson, von Wynton Marsalis bis Chick Corea waren alle da. In einer beeindruckenden Atmosphäre aus Offenheit und Herzlichkeit wird jeder Besucher sofort in den Jazzreigen integriert. Die Corkonians weigern sich standhaft, die Veranstaltungen zum elitären, intellektuellen Event werden zu lassen. Das gefällt nicht jedem, aber es bringt die Musik dorthin, wo sie hingehört: mitten ins Leben.

Flüssiges dunkles Gold

Getränketechnisch hat man die Qual der Wahl, denn Beamish, Murphy's und Guinness wetteifern um die Krone der Pints. Die ersten beiden sind Cork-brewed, womit man sich beruhigt, denn Murphy's gehört inzwischen zur Heineken-Gruppe und Beamish zu Scottish & Newcastle. Aber alle Braumeister kommen aus Cork, versichern die Liebhaber der Cork-Biere, die im Gegensatz zum Guinness nicht auf den internationalen Markt ausgerichtet sind. Und was trinkt der brave Corkonian am liebsten? Murphy's – das ist ein bisschen süßer – während der Woche und Beamish am Wochenende, sagt Russel, und der muss es wissen, denn er arbeitet als Zapfer gleich in mehreren Pubs. Und die Marktanteile? Das ist ganz einfach: Die Hälfte in Cork trinkt Beamish, die andere Hälfte Murphy's, und der Rest trinkt Guinness.

Das Fass im Lee

Spieglein, Spieglein an der Wand, wer ist die Schönste im ganzen Land? Bin

ich es, das hübsche Cork, mit seinem ruhig dahingleitenden Lee, gut, manchmal riecht er ein bisschen seltsam, aber wir arbeiten schwer daran, wir sind eine saubere, moderne europäische Kulturhauptstadt. Am Ende können wir wieder in den Wassern des Lee unser Haupt baden und an seinen Stränden uns erholen. Wir schützen und renovieren St. Finbarre, passen auf, dass der Engel immer glänzt und nicht grün anläuft, wir erhalten unser historisches Stadtviertel Shandon, und wir trinken mehr Beamish und Murphy's als Bier aus dem Norden. Wir pflegen unsere Brücken, die Uferpromenaden und lassen in Zukunft nur die Mönche im Lee angeln. Es werden wieder Schwärme von Lachsen und Meerbarben an der Patrick's Bridge vorbei den Lee hinaufziehen.

Aber wer zum Teufel hat das Fass in den Fluss geworfen? Sollen wir es rausholen, vielleicht ist noch was drin, so eine Verschwendung, vielleicht ist es aber auch leer, dann lass es weitertreiben nach ... oh Spieglein, Spieglein an der Wand, mir wird so plümerant, ich frag dich lieber ein anderes Mal, während des Jazzfestivals sollten keine Schönheitswettbewerbe veranstaltet werden. Ich komme wieder, Lugus der Feuergott verbrennt meine Seele, ich muss löschen und beten. Die Ballade von Father Theobald Matthew, der 1838 zum Präsidenten der Cork Total Abstinence Society gewählt wurde und dessen Denkmal in der Patrick Street nie mehr auf vorbeitreibende Fässer hinabschauen soll: »The smell from river Lee is flowery, oh Father Matthew forgive us«.

PROBIEREN WIE DIE MÖNCHE

Nördlich des Flusses Lee am Rande des Stadtteils Shandon gibt es ein kleines, aber feinen Brauerei-Pub, die »Franciscan Brewery«, Corks traditionelle Mikrobrauerei, die ohne jede chemischen Zusätze Biere nach überlieferten Rezepten der Mönche braut. Hinter einem großen Holztor versteckt, liegt ein gemütliches Brauhaus-Pub, das man sich nicht entgehen lassen sollte. Das Gebäude ist über 400 Jahre alt, schon im 13. Jahrhundert stand hier ein Kloster, heute wurde ein Refugium für Fans der unverfälschten Bierkultur daraus. Die Braumeister zaubern hier Biere, die bei der Independent Irish Breweries Competition immer wieder zu höchsten Ehren gelangen. Finden Sie heraus, ob Blarney Blonde, Rebel Lager, Shandon Stout, Rebel Red oder Bellringer goldmedaillenverdächtig sind.

The Franciscan Well Brewery, North Mall, Cork, Tel. (021) 4210130, www.franciscanwellbrewery.com

WEITERE INFORMATIONEN ZU CORK UND UMGEBUNG

Cork City Tourist Office, Grand Parade, Tel. (021) 4255100

Websites: www.corkkerry.ie
www.cometocork.com
www.blarneycastle.ie
www.cobhharbourchamber.ie

16 Bantry House

Rotkehlchen mit Apfelkuchen

Die vom Golfstrom verwöhnte Natur hat im Südwesten Irlands Gärten und Parkanlagen geschaffen, die keinen Vergleich zu scheuen brauchen. Mit dem Auto von Cork aus erreicht man ein wunderbares Kleinod in zweistündiger Fahrt über Macroom oder Dunmanway. Wer mehr Zeit hat, wählt die wildromantische Küstenstraße über Skibbereen: Bantry House and Gardens.

Der Charme des 18. Jahrhunderts begegnet dem Besucher im Bantry House auf Schritt und Tritt, im Dining Room wähnt man sich jenseits von Raum und Zeit (oben). Von den oberen Gärten aus hat man einen schönen Blick über Bantry Bay (rechte Seite unten), von der Terrasse schaut man hinüber zur Beara Halbinsel (rechte Seite oben).

Das hübsche 3000-Einwohner-Städtchen Bantry soll angeblich weiter entfernt von Dublin liegen als jede andere irische Stadt, auch so eine sagenumwobene Geschichte wie die 40 Sorten Grün, die es auf der Insel gibt. Schon die Lage an der fjordähnlichen Bantry Bay macht den Ort im Schutze der mächtigen Caha-Berge zu einer landschaftlich reizvollen Gegend.

Bilderbuchort vor sanfter Bucht

Was liegt also näher, als hier einen Herrschaftssitz zu bauen mit herrlichem Blick über die Bucht. Seit 1739 gehörte das Anwesen der White-Familie, insgesamt vier Earls of Bantry residierten hier. Richard White, der 2. Earl of Bantry, und seine Frau Mary gingen Mitte des 18. Jahrhunderts ans Werk, das Haus auszubauen und die formal gestalteten Gärten anzulegen. Da Mister White ein emsiger Weltreisender und begnadeter Sammler war, der für seine mitgebrachten Kunst-Stücke viel Platz brauchte, fielen der Herrensitz und die Parkanlagen entsprechend großzügig aus. In seiner bunt durcheinandergewürfelten Sammlung finden sich flämische Gobelins, altenglische Möbel, asiatisches Porzellan genauso wie griechische Mosaiken oder arabische Truhen aus Sansibar. Eine sehenswerte Sammlung großartiger Einzelstücke, die den Besuch in Irlands erstem Herrensitz dieser Art, der für die Öffentlichkeit bereits 1945 zugänglich gemacht wurde, zu einem Gang durch die Weltkulturgeschichte macht. Lange Zeit, fast sechs Jahrzehnte hindurch, war der Besitz sich selbst überlassen worden, ehe das Anwesen mithilfe der Europäischen Gemeinschaft und den Great Gardens of Ireland, die Fördermittel zur Restaurierung bereitstellten, wieder zu neuem Glanz erweckt wurde.

Saxofonklänge am Teich

Man muss den Gartenarchitekten, Historikern und Forschern in lokalen Chroniken ein großes Kompliment machen, denn was hier an Restaurierungsarbeiten geleistet wurde, verdient höchstes Lob.

Vom Obergeschoss aus und der Freitreppe zur Bantry Bay hin genießt man einen herrlichen Blick über die weitläufige Bucht, insgesamt sieben künstliche Terrassen, die zum Meer abfallen und die hinter dem Haus angelegten Gärten gehören zu den schönsten Beispielen italienischer Gartenarchitektur in Irland. Eingerahmt von uralten Mischwäldern ringsherum mit verwilderten Pfaden, liegen im Schatten eines Goldregen- und Platanendaches ein kleiner Teich, ein Rosengarten und im Stil von italienischen Schlossgärten angelegte Blumenbeete. In den ehemaligen Stallgebäuden ist das »1796 French Armada Exhibition Centre« untergebracht, eine Ausstellung zum gescheiterten Invasionsversuch der Franzosen. Den östlichen Bereich bewacht eine Diana-Statue, auf deren Haupt sich die Rotkehlchen niederlassen und sorglos vor sich hinträllern. Genauso wie der jetzige Besitzer Egerton Shelswell-White, ein passionierter Musiker, der das Haus im Jahr 1978 erwarb und es auch für Sommer-Kammerkonzerte, Hochzeiten und Übernachtungen geöffnet hält. Wer auf einer Bank am Teich die Ruhe genießt, wird gelegentlich von sanften Saxofon- und wehmütigen Posaunenklängen des Hausherren in eine andere Welt entführt. Gleiches gilt auch für die hausgemachten Kuchen und Gebäcke, die im kleinen Teehaus gekostet werden können. Es soll Besucher geben, die sich für das Rezept des Apfelkuchens als Gärtner in Bantry House bewerben wollten. Dank eines großen Wintergartens mit Veranda kann man hier auch an kühleren Tagen die letzten Sonnenstrahlen einfangen. Und selbst die im unvermeidlichen Souvenirshop angebotenen Accessoires haben in Bantry House charmanten Stil.

KAMMERMUSIK IN WEST CORK

Wer etwas für Streichquartett, Cello, Oboe und klassische Kammermusik übrig hat, der sollte einmal Ende Juni, Anfang Juli das West Cork Chamber Music Festival besuchen, das während einer Woche im Bantry House, in der St. Brendan's Church und der St. Finbarr's Church in Bantry über die Bühne geht. Nicht nur bekannte Interpreten treten hier auf, das Festival hat sich auch einen Namen gemacht in der Nachwuchsförderung. So treten etwa das Irish National Youth Orchestra und der Irish Youth Choir auf, an den begleitenden Meisterkursen nehmen auch Musikstudenten aus aller Welt teil. Während des Festivals bleibt das Bantry House für die Öffentlichkeit geschlossen, die Gärten, Teezimmer und der Kunsthandwerksshop bleiben natürlich für alle offen.
www.westcorkmusic.ie

WEITERE INFORMATIONEN ZUM BANTRY HOUSE

Das Bantry House & Gardens liegt an der N 71 nur einen Kilometer südlich vom Zentrum des Ortes, Tel. (027) 50047, www.bantryhouse.ie

17 West Cork

Tief im Süden und nah am Meer

Hinter Cork hört Irland noch lange nicht auf. Es geht ein ganzes Stück weiter in Richtung Südwesten. Auf einer pittoresken Küstenroute über Kinsale, Clonakilty und Skibbereen zum Leuchtturm von Mizen Head begegnet man der Irischen See, dem Atlantik und grünen Hügellandschaften, so weit das Auge reicht. Wer Abgeschiedenheit und eine frische Brise nicht scheut, fühlt sich hier in West Cork zu Hause.

Irland hat nicht gerade den Ruf, eine Hochburg für Gourmet-Touristen zu sein. Doch dieses Vorurteil ist längst überholt. Nicht nur in den größeren Städten findet man kreative Küche und charmante Restaurants, auch auf dem Land lassen sich immer mehr Köche und Restaurantchefs nieder, die aus den frischen lokalen Produkten zauberhafte Menüs zubereiten, die selbst erfahrene, internationale Feinschmeckergaumen überraschen. Irlands Küche hat heute weit mehr zu bieten als Fish and Chips und Irish Stew.

Fisch vom Feinsten in Kinsale

Den besten Zugang zur irischen Kochkunst findet man in Kinsale. Das hübsch herausgeputzte Hafenstädtchen mit seinen verwinkelten Gassen, den schindel- und reetgedeckten Häusern und den zahlreichen traditionellen Pubs und Restaurants versprüht ein wenig das Flair eines mondänen Seebades, in dem sich die High Society versammelt, um zu sehen und gesehen zu werden. So treffen sich denn auch im Jachthafen die neuesten Cruiser aus aller Welt, internationales Publikum ist hier genauso zu Hause wie viele Künstler und Kunsthandwerker, die hoffen, hier ihr Glück zu finden. Die durchaus gelungene Mischung aus urigen Pubs, modernen Boutiquen, Galerien und Kunsthandwerksläden findet auch in der Restaurantszene ihre Fortsetzung: Vom Gourmet-Tempel bis zum einfachen, aber feinen Fischlokal steht in Kinsale alles auf der Speisekarte. Im Oktober zelebrieren dann alle gemeinsam ein Gourmet-Festival, das es kulinarisch in sich hat. Dann erleben auch die Preise in Kinsale eher eine Flaute, in der Hochsaison muss man hier schon einige Scheine oder Kreditkarten mit sich führen.

Robinson und das Rosengespenst

Neben den Hochseejachten pflegen viele Segelschiffe die maritime Tradition des Ortes, die Anfang des 18. Jahrhunderts in Person des Seemannes Alexander Selkirk zumindest literarischen Welt-

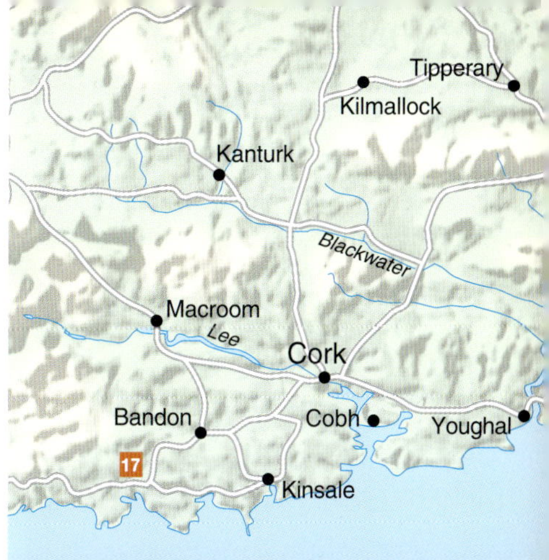

Auf der kleinen Halbinsel Sheep's Head trifft man kaum Urlauber, ursprüngliches Irland pur (linke Seite). Dass die Farbe der Fischerboote in Youghal (Mitte) dem Blau des »Blue Loo Pubs« in Glengarriff (unten) gleicht, mag Zufall sein. An beiden Orten aber spielt das Blau des Meeres die Hauptrolle.

Der Beacon auf den Klippen der Roaring Water Bay bei Baltimore ist das Wahrzeichen der Bucht (oben). Die bunte Pub-Parade in Brandon (Mitte) eifert mit den Fassaden in Youghall um die Wette (unten). Am Old Head of Kinsale scheint die Welt ihr Ende gefunden zu haben (rechte Seite unten). Hummer ist hier eine Delikatesse (rechte Seite oben).

ruhm erlangte. Von hier aus brach er auf zu einer Expedition, die ihn auf einer einsamen Insel im Pazifik stranden ließ. Das diente dem Schriftsteller Daniel Defoe als Vorlage zu seinem Weltbestseller »Robinson Crusoe«.
Nur drei Kilometer östlich liegen die imposanten Überreste des Charles Fort, einer Befestigungsanlage gegen Angriffe von See, die auf das Jahr 1602 zurückgeht. Allein der herrliche Ausblick über die Bucht macht den Abstecher lohnenswert, zudem ist die sternenförmige Anlage ein anschauliches Beispiel für eine der größten Verteidigungsbastionen des Landes. Doch Vorsicht ist geboten: Nachts treibt das Rosengespenst auf den Wällen sein Unwesen. Die Tochter des Festungskommandanten trieb mit ihrem Wunsch, eine Blüte des Rosenstrauchs zu bekommen, der zu Füßen des Walls am Abgrund wuchs, drei Männer, darunter ihren Vater und ihren Verlobten, in den Tod.

Collins aus Clonakilty

Der bunte Marktflecken Clonakilty verdient einen weiteren Stopp auf der Tour entlang der Küstenstraße, wurde hier doch Irlands »Big Fella« Michael Collins geboren. Außerdem soll es in Clonakilty den besten Black Pudding der Insel in allen Variationen geben. Um die Wurst ging es auch 1921 in den anglo-irischen Verhandlungen, die Irland zum Freistaat machten und die Michael Collins anführte. Das jüngste von acht Kindern wurde zur Schlüsselfigur der irischen Nationalbewegung, gab den Rebellen eine mobile Organisationsstruktur und revolutionierte ihre Kampfmethoden. Auf einer Reise durch den Westen Corks wurde er am 22. August 1922 aus einem Hinterhalt heraus in der Nähe von Macroon ermordet. Noch heute feiern die Iren an diesem Tag zu seinen Ehren Gedenkgottesdienste. Im August steht Clonakilty auch während des All Ireland Buskers Festival Kopf, wenn sich hier Straßenmusiker, Gaukler und Künstler aus allen Ecken der Insel treffen und die Straßen in eine einzige große Bühne verwandeln. Von den Feierlichkeiten erholt man sich dann am nur vier Kilometer entfernten Inchydoney-Strand, mit seinem goldgelben Sand noch fast ein Geheimtipp für Irlandreisende.

Von Skibbereen nach Baltimore

Eine friedliche Küstenlandschaft zeichnet sich hinter Clonakilty auf dem Weg nach Skibbereen, dem Handelszentrum West Corks, ab. Hinter Rosscarbery biegt man links von der Hauptstraße ab und erreicht so den Dromberg Stone Circle, einen Steinkreis auf einem Hügel, der von weiten Feldern umgeben ist, die sich bis zur Küste hinziehen. Die 17 aufrecht stehenden Steine in einem Kreis von neun Metern Durchmesser wirken durch ihre Kompaktheit wesentlich eindrucksvoller als manch andere, die nur aus der Vogelperspektive als Steinkreis zu erkennen sind. Sie wurden irgendwann zwischen 600 und 150 vor Christus errichtet und dienten den hier ansässigen Clans als Kultstätte. Das geschäftige Skibbereen, nicht nur während der wöchentlichen Schafauktionen von Tier- und Touristenherden bevölkert, beherbergt ein sehenswertes Heritage Centre, das sich vor allem der tragischen Geschichte der großen Hungersnot widmet. Allein hier in der Gegend

mussten an die 10 000 Einheimische ihr Leben lassen, ein düsteres Kapitel der irischen Geschichte, das noch heute betroffen macht. Da blüht in Baltimore schon eher das pralle Leben, obwohl das einstige versteckte Fischerdorf immer mehr zum Ferienort mutiert. Einst beherrschte der Clan der O'Driscolls die Gegend und das Meer, die Nachfahren der gefürchteten Piraten treffen sich jeden Juni in Baltimore. Im Mai locken das internationale Folkfestival Fiddle Fair, das Seafood und das Wooden Boat Festival die Musik- und Foodfreaks nach Baltimore. Dann verwandelt sich der 400-Seelen-Ort in eine einzige Partymeile, vor der man nur auf der Burg Castle Dun na Sead über dem Hafen ein wenig Ruhe hat. Als Alternative bietet sich eine Bootstour auf eine der Inseln in der Roaring Water Bay an, man sollte allerdings günstiges Wetter abwarten, denn der Name ist Programm: An keinem anderen Platz an der Südküste ist das Meer wilder. In Heir Island, Sherkin Island und auf Clear Island hat der Massentourismus noch keine Chance. Das gilt auch für die ersten beiden der fünf Finger der Küstenlinie im Südwesten, auf den Halbinseln Mizen Head und Sheep's Head ist man beim Wandern beinahe unter sich.

Hier wird die sanfte Hügel- und Heidelandschaft immer wieder von kleinen Mooren und Tümpeln unterbrochen, und in dem kleinen Fischerdorf Schull steht Irlands einziges Planetarium, in dem man vom Ende der Welt in die Weiten des Alls schauen kann.

MEERESFRÜCHTE VOM FEINSTEN

Fisch ist nicht gleich Fisch, doch spätestens im »Fishy Fishy« stellt man fest, was man aus den unterschiedlichen Meeresbewohnern kulinarisch hervorzaubern kann. Wie der Name sagt, im »Fishy Fishy Café« in Kinsale dreht sich alles um die Meeresbewohner und ihre Zubereitung. Marie und Martin Shanahan verarbeiten nur von den örtlichen Fischern frisch aus dem Meer gezogene Fische in einem Terrassenrestaurant am Hafen, das – da sind sich die Gourmetpäpste einig – zu den besten Fischrestaurants in Irland gehört. Und das bei durchaus moderaten Preisen. Das Restaurant selbst ist geschmackvoll und dezent eingerichtet, nichts lenkt vom Wesentlichen ab: Shellfisch in Kinsale-Bier, Lachs über Eichenholz geräuchert, selbst der Fishy Fishy Pie ist ein Gedicht. Fishy Fishy Café, Croweley's Quay, Kinsale, Tel. (021) 4700415, www.fishyfishy.ie

WEITERE INFORMATIONEN ZU WEST CORK

Fáilte Ireland South West Region, Aras Fáilte, Grand Parade, Cork City, Tel. (021) 4255100 www.discoverireland.ie/southwest

Websites: www.corkkerry.ie, www.kinsale.ie, www.clonakilty.ie, www.skibbereen.ie, www.michaelcollinscentre.com, www.baltimore-ireland.com, www.sherkinisland.eu

In Irland ist Geschichte allgegenwärtig. Der Steinkreis von Drombeg bei Glandore ist ein beeindruckendes Zeugnis der Megalithkultur. Die 17 Steine der Kultstätte bewachen das Grab eines jungen Mannes.

18 Beara-Halbinsel

Ursprünglich und exotisch

Die Halbinsel Beara bildet die Grenze zwischen Cork und Kerry. Malerische Dörfer, grüne Täler und karge Felskuppen machen die Gegend zu einem idealen Wandergebiet, das mit dem Beara Way einen 200 Kilometer langen Fernwanderweg ausweist. Er führt von Glengarriff über Castletownbere bis nach Kenmare in Kerry und zählt zu den schönsten in ganz Irland. Abenteurer fahren mit einer Seilbahn hinüber nach Dursey Island und gehen mit den Vögeln wandern.

Castletownbere mit seinem Fischerhafen ist das wichtigste Versorgungszentrum der Beara-Halbinsel (Mitte). Wer den Nervenkitzel sucht, benutzt die Seilbahn zur Felseninsel Dursey (unten). Die Abendsonne taucht die Beara-Halbinsel in ein unwirkliches blau (rechte Seite unten). So sehen Irlandklischees aus: Schafe, grüne Wiesen und das Meer (rechte Seite oben).

Glengarriff ist das Tor zur Halbinsel Beara, bevor man sich aber auf den Beara Way und in die Caha Mountains begibt, sollte man am Hafen eines der kleinen Boote besteigen und nach Garinish Island übersetzen, denn hier befindet sich einer der zauberhaftesten Gärten im ganzen Südwesten. Feuchtes Moos dampft über grauen Felsbrocken, die aus dunklen Gewässern ragen. Vereinzelte Sonnenstrahlen durchbrechen die Wand aus Wasser und Nebel, Seehunde strecken ihren Kopf aus der Bantry Bay und blinzeln herüber zum Hafen von Glengariff. Ist der Winter schon vorbei?

Im »Tal des Glücks«

Es scheint so, denn die »Harbour Queen« bringt ab März die ersten Gäste vom Festland nach Ilnacullin, zu einer Gartenanlage, die mit unaufdringlichem Charme und seltener Ästhetik die Gäste verzaubert. Die Erde duftet wie ein Kräutergemisch, riesige Farne werfen ihr Taukleid ab und strecken ihre Fächer in den wolkenbedeckten Himmel. Der geschützte Hafen von Glengarriff wird vom warmen Golfstrom tangiert, daher wachsen auf der Insel nicht nur imposante Bäume und Sträucher aus der ganzen Welt, auch der italienische Garten, die griechische Tempelanlage, der Dschungel oder das »Tal des Glücks« mit seinem unvergleichlichen Rhododendren-Artenreichtum bieten auf 15 Hektar Flora und Landschaftsgartenarchitektur von beeindruckender Schönheit. Ilnacullin hatte bis ins 18. Jahrhundert hinein keine historische Bedeutung, die älteste Sehenswürdigkeit der Insel ist der noch vollständig erhaltene Martello-Turm, den die Briten Anfang des 19. Jahrhunderts als Wehranlage gegen eine befürchtete napoleonische Invasion errichteten. Von seiner Spitze aus hat man einen herrlichen Blick über die zerklüftete Küstenlandschaft und kann sich

gut vorstellen, welche Qualen der irische Freiheitskämpfer Wolfe Tone 1796 litt, als er mit Unterstützung der Franzosen und einigen Kriegsschiffen Bantry Bay erreichte, wegen heftiger Stürme aber nicht an Land gehen konnte. Damals war Ilnacullin nichts weiter als ein Stück öder Felsen, bewachsen mit Ginster und Heide auf einigen Torfflecken.

Exotische Pflanzenwelt im Schatten der Caha-Berge

Im Jahr 1910 kaufte Annan Bryce, ein Parlamentsabgeordneter aus Belfast, die Insel vom britischen Kriegsministerium. Der Naturliebhaber baute sich auf der Insel ein Haus und begann mit dem Landschaftsarchitekten Harold Peto, großzügige Gärten anzulegen. Vom Festland wurde Humus herübertransportiert, Felsenstücke gesprengt und ein Windschirm aus Nadelbäumen errichtet. Peto war ein Verfechter des klassischen, italienischen Gartenstils und überzeugt, dass sich dieser mit den damals vorherrschenden wilden Gärten kombinieren ließ. Auf Ilnacullin hat er ein Meisterwerk geschaffen, das orientalische und südländische Pflanzenwelt, dschungelartige Vegetation und dichte Waldareale harmonisch miteinander verbindet. Architektonische Details wie der Uhrenturm, der kleine Tempel, das Teehaus oder Säulen aus Bath-Stein, Marmor aus Carrara, von der Insel Skiros und aus Connemara ergänzen ein Gesamtbild, das durch seine dezente Komposition überzeugt. Nichts Lautes, Übertriebenes stört das Spiel der Natur, die Hand des Menschen bleibt im Hintergrund. Das macht den Zauber von Ilnacullin aus.

Triumph und Tragödie

Eine Zypressenallee führt hinauf zum griechischen Tempel, von dem aus man übers Meer und die Caha-Berge schaut. Japanische Pinien und hängende Dacrydium – der empfindliche Baum aus Tasmanien wächst nur an wenigen Plätzen der Erde – geraten hier zu Triumphen der Gartenkunst. Vorbei an Baumfarnen aus Neuseeland und dann hinauf zum Martello-Turm, dem höchsten Platz der Insel. Diesen Panoramablick liebte auch George Bernard Shaw, der 1923 als Gast der Familie Bryce auf Ilnacullin weilte und hier seine Tragödie »Die heilige Johanna« schrieb.

SCHAFE HABEN VORTRITT

Das nur sechs Kilometer lange und anderthalb Kilometer breite Dursey Island am Zipfel der Beara Halbinsel erreicht man nur mit Irlands einziger Seilbahn, die 30 Meter über dem Dursey Sound schwebt. Man sollte schwindelfrei sein für die Überfahrt oder jene Gemütsruhe an den Tag legen wie die Schafe, die in der kleinen Kabinenbahn Vortritt genießen. Die wenigen älteren Menschen, die auf dem kahlen Eiland noch leben, werden wohl die Letzten sein. Dann gibt es nur noch Wildvögel, Schafe und gelegentlich ein paar wagemutige Reisende ans Ende der Welt, die hier einmal übernachten wollen. Paddy O'Sheehan bedient die Seilbahn, Rosarie O'Neill vermietet ein Cottage auf Dursey.
Paddy O'Sheehan Tel. (027) 73017, Rosarie O'Neill Tel. (027) 74360

WEITERE INFORMATIONEN ZU ILNACULLIN

Von März bis Oktober bringen kleine Boote im Hafen von Glengarriff die Besucher in viertelstündiger Fahrt nach Garinish Island. www.glengarriff.ie

19 Killarney National Park

Mitten drin und doch allein

Das geschäftige Killarney verbirgt nicht seinen Zweck: Gäste einstimmen, ausführen, verführen und vorbereiten auf den Ring of Kerry und den Killarney National Park. Das macht man durchaus geschickt, so mischen sich ins bunte Stadtbild die Touristenbusse genauso wie die Pferdewagen, Onkel Paddy kutschiert Tante Rosmarie über die New Street, Touristen aus aller Welt suchen das ultimative Souvenir. Im Park aber kommen alle wieder zur Besinnung.

Killarney ist ein lebhaftes Urlaubszentrum, doch an Seen wie dem Upper Lake geht es immer noch ruhig zu (Mitte und rechte Seite unten). Wanderungen mit herrlichen Ausblicken führen rund um die Seen (unten). Im Nationalparkzentrum am Muckross House kann man sich alle Informationen für Ausflüge und Wanderungen holen (rechte Seite oben).

Bereits 1982 wurde der Killarney National Park zum Biosphärenreservat erklärt und noch heute strahlt er trotz seiner Berühmtheit und der damit verbundenen touristischen Frequentierung eine unbestrittene Faszination und Anziehungskraft aus. Nicht zuletzt die drei Gletscherseen Lough Leane, Muckross Lake und der Upper Lake bieten Panoramaszenerien, wie sie nicht schöner sein könnten.

Mensch und Natur in Harmonie

Die ältesten Eichenwälder Irlands findet man hier, die einzige einheimische Rotwildherde zieht ihre Bahn, auf Wanderungen zum Dinis Island, zum Torc Wasserfall oder zum Devil's Punch Bowl, einem einsamen Bergsee, der von steilen Felsen umgeben ist und den man umrunden kann und dabei atemberaubende Weitsichten über die Berge und Täler genießt, vergisst man Zeit und Raum. Natürlich ist man an Sehenswürdigkeiten wie dem Ross Castle, Muckross House and Gardens oder dem Gap of Dunloe nicht allein, doch selbst in der Hochsaison gelingt nach kurzer Zeit der Weg zurück in die Natur, weg von dem Gedränge an Kassenhäuschen und Kitschverkauf, der National Park mit seinen über 10 100 Hektar Ausdehnung bietet ausreichend und überall Gelegenheit dazu.

Feuer aus dem Wasser

Ein Ort besonderer Güte für romantische Seelen ist das direkt am Lough Leane im 15. Jahrhundert errichtete Ross Castle. Der helle Kalkstein der Burg hebt sich ab vom wuchernden Grün der naturbelassenen Uferlandschaft, im Hintergrund thront eine mächtige Bergkette, um die zwei erhaltene Türme der Ringmauer, die das Fort einst umgab, kreisen die Krähen. Dabei hatten die Besitzer mit romantischen Anläufen wenig im Sinn, das wehrhafte Ross Cast-

le war die letzte Burg in Munster, die Cromwells Truppen einnahmen. Lange hatte man sich gewehrt, doch als eine alte Prophezeiung sich zu erfüllen schien, gaben auch die letzten Verteidiger ihren Widerstand auf. Die Legende besagte nämlich, dass Ross Castle mit Feuer aus dem Wasser zerstört würde. Als die Briten 1652 ihre Kanonen auf Boote luden und vom See aus angriffen, mit oder ohne Kenntnis der irischen Sagenwelt, wurde die Prophezeiung wahr. Zu sehen sind noch die Ruinen eines Oratoriums aus dem 12. Jahrhundert.

Das Buch des Mittelalters

Ein weiterer mystischer Ort befindet sich auf Inishfallen Island, der größten der insgesamt 26 Inseln im Nationalpark. Dorthin gelangt man entweder mit dem Wassertaxi von Ross Castle aus und zahlt die Passage, oder man setzt mit der eigenen Muskelkraft über, spart Geld und hat obendrein noch mehr Zeit, sich auf der Insel umzusehen. Bereits im 7. Jahrhundert soll hier der heilige Finian ein Kloster gegründet haben, das im 13. Jahrhundert große Berühmtheit erlangte, als die Mönche die große »Chronik von Inishfallen« geschrieben haben, eines der bedeutendsten Zeugnisse des irischen Mittelalters und eine wichtige Informationsquelle zur Frühgeschichte Munsters. Das Originalmanuskript wird allerdings im englischen Oxford gehütet, dorthin zu rudern wäre dann doch etwas zu weit. Kaum einer verlässt die Seen, ohne sich Gärten, Parks und das Muckross House selbst anzusehen. Ein kleiner Spaziergang zur versteckten Muckross Abbey ist eine willkommene Abwechslung zum Trubel rund um das Herrenhaus aus dem 19. Jahrhundert, das in seinen Innenräumen nur mit einer geführten Besichtigung betreten werden kann. Durch die weitläufigen Gärten darf man auch allein schlendern.

NÄCHTIGEN WIE DIE KÖNIGIN

Muckross House wurde im Jahr 1843 von Henry Arthur Herbert erbaut, dem Parlamentsabgeordneten Kerrys. Die Herberts empfingen hochrangige Persönlichkeiten, darunter Königin Victoria von England. Der Unterhalt war zu kostspielig, 1899 wurde das Anwesen verkauft. Den Bankrott braucht John Courtney sicher nicht zu befürchten, denn er hat mit dem »Victoria Hotel« ganz in der Nähe von Muckross House ein Refugium geschaffen, das mit seinen viktorianisch bis modern gestalteten Zimmern und Suiten und ausgezeichnetem Service überzeugt. »Wir haben uns vor einiger Zeit gefragt«, erzählt John, »was wir an unserem Konzept verbessern können und sind dabei auf einen Punkt gestoßen: Unsere Gäste wollen nicht nur schöne Natur und Pub-Atmosphäre erleben, sie wollen auch im Hotel freundlichem irischem Personal begegnen. Heute beschäftigen wir nur einheimische Kräfte, und das kommt bei unseren Gästen hervorragend an.« Victoria House Hotel, Muckross Road, Killarney, Tel. (064) 35430, www.victoriahousehotel.com

WEITERE INFORMATIONEN ZUM KILLARNEY NATIONAL PARK

Direkt hinter Muckross House befindet sich die wichtigste Anlauf- und Informationsstelle des Killarney National Park Centre. www.killarneynationalpark.ie

Von Ballycarbery Castle hat man einen schönen Blick über Caherciveen und Valentia Island (Mitte). Auf die Schafszucht wird in Kerry nicht verzichtet, auch wenn viele Farmer mit dem Tourismus ihr Geld verdienen (unten). Auf der Iveragh-Halbinsel entdeckt man abgelegene Ringfestungen, die nur über kleine Wege zu erreichen sind (rechte Seite).

20 Iveragh-Halbinsel

Typisch irisch – der Ring of Kerry

Den größten der fünf Finger bildet die Iveragh-Halbinsel, besser bekannt durch den Ring of Kerry. Diese Küstenstraße rund um die Halbinsel gehört zu den eindrucksvollsten Erlebnissen einer Irlandreise, wie sie schöner kaum sein können. Selbst Iren, die hier leben, stellen immer wieder ihr Fahrzeug am Straßenrand ab, steigen aus und bewundern das fantastische Küstenpanorama. Man kann die Rundfahrt in einem Tag absolvieren, aber das heißt Eile und nicht Genuss.

Oft wird empfohlen, die Rundstrecke mit dem Auto im Uhrzeigersinn, also von Kenmare über Waterville nach Killorglin zu befahren, weil die Touristenbusse gegen den Uhrzeiger die Strecke absolvieren und man ansonsten hinter solch einem Ungetüm hinterhertuckern muss. In der Saison ist das jedoch ziemlich gleichgültig. Ob mit oder gegen die Uhr, wenn einem an einer der zahlreichen extrem engen Kurven ein Reisebus entgegenkommt, ist äußerste Vorsicht geboten. Das sollte aber niemanden abschrecken, denn zu Recht gilt der Ring of Kerry zu den Perlen einer Irlandreise.

Ziegenkönig mit Trinkgelage

Nehmen wir also – der Münzwurf hat es so entschieden – die 180-Kilometer-Route gegen die Uhr, das macht auch Sinn, denn wir wollen ja reisen, erleben und schauen, nicht Attraktionen nur abhaken. Für manchen ist die Rundreise aber bereits in Killorglin zu Ende, bevor sie überhaupt richtig begonnen hat. Wer Mitte August den unscheinbaren Marktflecken am Eingang zur Nordküste der Iveragh-Halbinsel passieren will, bleibt meistens dort hängen, denn es ist Puck Fair. Der stille Ort am Fluss Laune wird zur Kulisse für wilde, heidnische Zeremonien, Musikparaden, Trinkwettbewerbe und einen parallel dazu stattfindenden Viehmarkt, der Killorglin aus allen Nähten platzen lässt. Das ganze Treiben wird überwacht von König Puck, dem stärksten Ziegenbock, den die Männer in den Macgillycuddy-Bergen auftreiben konnten. Unter großem Getöse wird er auf den Dorfplatz getrieben, um dort von einer »Jungfrau« mit einer Pappkrone zum König ernannt zu werden. Das bedauernswerte Tier muss sich dort auf der Bühne drei Tage lang das heidnische Treiben ansehen, bevor

Irland bemüht sich um Aufforstung mit Mischwäldern (oben). Knightstown verdankt seinen Namen den Rittern von Kerry, im Hafen gibt es eine Fähre zum Festland (Mitte). Die einsamen Sandstrände der Derrynane-Bucht bei Caherdaniel sind die schönsten des Südwestens (rechte Seite unten).

es wieder in die Freiheit entlassen wird. Die wüste Festivalversion wurde inzwischen etwas entschärft, denn das größte Volksfest des irischen Westens zieht immer mehr Urlauber und Familien an, da ist mehr Sittsamkeit vonnöten.

Der Rote Fuchs Jeremiah

Der nächste Stopp ist Glenbeigh, ein Dorf, das nicht nur einen wunderschönen Dünenstrand besitzt, sondern auch ein kleines Freilichtmuseum. Jeremiah hat sich das sicher so nicht träumen lassen. Denn das, was hier in schwerer Handarbeit, bei peitschendem Regen und brennender Sonne dem irischen Moorboden mühevoll abgerungen wurde, dieser irische Torf hat es zur Touristenattraktion geschafft. Einst war er dazu da, die kalten Winter zu überstehen und das sauer verdiente abendliche Glas Whiskey am wärmenden Feuer mit einer duftigen Torfnote zu veredeln. Heute taugt er darüber hinaus als Top-Souvenir, das in den Koffern der Touristen seine Reise um die Welt angetreten hat. Why not? Mancher Besucher ist sogar ganz hingerissen vom Torfhüpfen, nasse Füße inbegriffen. Denn auf den weichen, schwammigen Moorböden die Balance zu halten ist gar nicht so einfach. Wer nasse Füße bekommen hat, wärmt sich im »Red Fox«, einem Pub-Restaurant, in dem es nicht nur den besten Irish Coffee der Gegend gibt. John und Olive Mulvihill haben nebenan auch das alte Torfstecherdorf wieder aufgebaut, in dem man das irische Landleben des 19. Jahrhunderts studieren kann. Jeremiah Mulvihill hatte sich damals, von Listowel kommend, hier niedergelassen und nach und nach ein kleines Dorf gegründet, das John als The Kerry Bog Village Museum wieder aufgebaut hat. Im Original, nach umfangreichen Forschungsarbeiten und mit großer Liebe zum Detail. So gibt es die Kate des Schmiedes Jack Bell O'Sullivan, die Stallwohnung von Phil Gillicuddy, die Häuser des Torfarbeiters Denny Riordan und des Rieddachdeckers Paddy Browne samt Hühnerstall zu sehen. Damit ist ein sehenswertes Stück irischer Geschichte lebendig geworden, die man so hautnah nur noch an der Westküste zu Gesicht bekommt.

Regionalgeschichte und Ringfestungen

Hinter King's Head erreicht man Caherciveen, den Hauptort an der Spitze der Halbinsel. Mitte des 19. Jahrhunderts wohnten hier noch an die 30 000 Iren, dann kamen die Hungersnot, die Auswanderung und später die Touristen. Einer der großen irischen Befreier, Daniel O'Connell, wurde hier geboren. Im Old Barracks Heritage Centre sind eine Ausstellung zum Leben O'Connells, zur Regionalgeschichte, der Great Southern & Western Railway, Nachbildungen einer Behausung während der großen Hungersnot und eine Kaserne aus der Zeit des Osteraufstandes von 1916 zu sehen. Von der Burgruine Ballycarbery Castle hat man einen wunderbaren Blick auf Caherciveen und die Valentia-Bucht. Ein Stück weiter entlang der Straße stehen die Überreste der Ringfestungen Cahergall und Lecanabuaile, errichtet im 9. und 10. Jahrhundert. Und ob nun Waterville oder Caherdaniel die schönsten Strände hat, das kann jeder für sich entscheiden. Eine Wanderung vom

einen Ort zum anderen auf dem Kerry Way lohnt sich auf jeden Fall.

Skulpturen in Sneem

Inzwischen hat man die Südküste der Halbinsel erreicht und begibt sich auf das abschließende Drittel der »Ring of Kerry«-Tour. Der kleine Ort Sneem ist gar nicht so unscheinbar, wie es auf den ersten Blick erscheint. Der Park am gleichnamigen Fluss, der sich in die Kenmare-Bucht schlängelt, eignet sich für einen Zwischenstopp. Charles de Gaulle soll das friedlich-verschlafene Nest Sneem besonders gemocht haben, ihm zu Ehren wurde eine Statue errichtet. Im Lauf der Zeit kamen weitere Skulpturen aus aller Welt hinzu, die im Skulpturenpark von Sneem bestaunt werden können. Kenmare ist im Vergleich dazu wesentlich touristischer ausgerichtet, hat ein breites Hotel- und Wassersportangebot vorzuweisen, ist trotz der Flaniermeilen im Zentrum und mehrerer Edelrestaurants dennoch ein charmanter Ort – nicht nur für Golfer und Segler – geblieben. In der Holy Cross Church, die 1862 erbaut wurde, sind die prachtvolle Holzdecke mit filigran geschnitzten Engeln und ein mit Mosaiken bestücktes Buntglasfenster über dem Altar Schmeicheleinheiten für Auge und Gemüt, bevor man sich wieder nach Killarney auf den Weg macht und sich dort der Kreis des Ring of Kerry schließt.

GARTENPRACHT AUF VALENTIA

Ein historisches Manor House an der nordwestlichsten Spitze der Iveragh-Halbinsel, auf Valentia Island. Ein paradiesisch anmutender Park und Garten, der verwildert und doch kultiviert erscheint, eine Stille, die in eine andere Welt entführt: Glanleam House & Gardens ist wohltuend anders als die Geschäftigkeit rund um Muckross House bei Killarney. Subtropische Pflanzen aus Australien, Neuseeland, Südamerika und China, Bambushaine, Eukalypten, Fuchsien und Rhododendren verwöhnen das gärtnerische Auge, und über allem liegt der Duft von Lilien und Ginster. Mächtige Myrten-Bäume und die höchsten Baumfarne in Europa bilden schützende Dächer über den Wegen. Meta und Jessica Kreissig bieten Gästezimmer im Herrenhaus und vermieten Ferienhäuser auf dem Anwesen unter Tel. (066) 9476176, info@glanleam.com und www.hidden-ireland.com/glanleam

WEITERE INFORMATIONEN ZUM RING OF KERRY

Ring of Kerry Tourism, Insight Web Marketing Ltd., Killaha, Killarney, County Kerry, Tel. (064) 7754094, www.ringofkerrytourism.com
Websites: www.visitsouthwestkerry.ie www.puckfair.ie, www.kerrybogvillage.ie www.theoldbarracks.com, www.kenmare.ie

Ein doppelter Regenbogen am Lough Guitane im County Kerry ist zwar eine Seltenheit, die Geschichten dazu jedoch keineswegs: Was liegt hier im See verborgen?

»Magic that takes you out, far out, of this time and this world«, sagte George Bernhard Shaw einmal über die Skellig-Inseln (Mitten). Bereits die Überfahrt gleicht einer Pilgerreise (unten). Wer den Felsstufen der Mönche folgt und Steinbehausungen auf der Spitze erreicht, spürt jene Magie, von der Shaw sprach (rechte Seite unten und oben).

21 Skellig Islands

Jenseits von Raum und Zeit

Sieben Seemeilen oder 13 Kilometer vor der Valentia-Küste der Iveragh-Halbinsel in Kerry liegen zwei Felseninseln, deren Magie sich keiner entziehen kann. Skellig Michael gehört zum Unesco-Welterbe, Small Skellig ist ein Vogelschutzgebiet und die zweitgrößte Brutkolonie der Welt. Orte jenseits von Raum und Zeit, von denen jeder Besucher verändert zurückkehrt.

Es gibt Menschen, die haben eine Menge übrig für Pilgerreisen. Dann gibt es Zeitgenossen, die dieser Art innerer Einkehr auf schmalen Wanderpfaden wenig abgewinnen können. Und es gibt da noch jene, die schon beim Anblick eines kleinen Wassertümpels die ersten Anzeichen einer Seekrankheit an sich feststellen. Allen sei gesagt: Wenn ihr nach Portmagee kommt, seid frohen Mutes, denn schließlich ist auch unser Herr Jesus Christus über das Wasser gegangen. Darüber hinaus ist die 45 Minuten lange Überfahrt eben nur eine Halbzeit, und nimmt man den Aufstieg über die 650 jahrhundertealten Felsstufen hinauf zur frühchristlichen Mönchssiedlung auf Skellig Michael als Pausenkabinenpredigt, gerät die Rückreise zum Festland zur reinsten Vergnügungsfahrt. Denn eines ist sicher: Keiner, der je den Fuß auf Skellig Michael gesetzt hat, kommt unverändert zurück. Verlängerung und Wiederholungsspiel sind da so gut wie sicher.

Inselpyramide des Erzengels

Wie eine Pyramide ragt Skellig Michael aus dem Meer heraus. Dort soll man an Land gehen können? Nicht nur das Geschaukel auf der manchmal stürmischen Überfahrt mit den offenen Fischerbooten von Portmagee oder Ballinskelligs aus lässt manchen Besucher zweifeln. Etwas Seegang ist in der St. Finan's Bay aber normal, kein Grund zur Panik. Die Skipper sind erfahrene Seeleute, keiner riskiert mehr, als ihm die Vernunft gebietet. Angelegt wird dann tatsächlich, in der Blind Man's Cove. Und ab jetzt ist man auf sich allein gestellt, wenn man nicht gerade einen Gruppenausflug gebucht hat. Schwindelfrei sollte man sein, wenn man die steilen, in den Fels gehauenen Stufen hinaufklettert zu den Bienenkorbbehausungen der Mönche, die sich hier wahrscheinlich schon im 6. Jahrhundert niederließen. Ab dem 8. Jahrhundert findet man das Kloster auf Skellig Michael in den Annalen, lebten hier Mönche in völliger Einsamkeit, unter kaum vorstell-

baren Entbehrungen, 150 Meter über dem Meer zwischen Himmel und den tosenden Stürmen des Atlantiks. Mehrmals wurden sie von Wikingern überfallen und um ihre kargen Vorräte gebracht, Mönche verschleppt und getötet. Im 13. Jahrhundert wurde die Insel dann verlassen, erlebte aber nach der Einführung des gregorianischen Kalenders 1582 eine neue Blüte. Da man damals während der Fastenzeit nicht heiraten durfte, auf Skellig Michael aber noch der julianische Kalender galt, nahmen viele Hochzeitspaare den Weg auf sich, weil man hier heiraten konnte, ohne bis Ostern warten zu müssen.
Der Blick von den sehr gut erhaltenen Steinhütten über das Meer, fern von all der Alltagshektik, das Kreischen der Seevögel und das Tosen des Windes schenken dem Besucher noch heute eine Entrücktheit, die lange in ihm nachklingt.

Brutplatz der Tölpel

Auf der Rückfahrt drehen die Boote dann eine Ehrenrunde um Small Skellig, die kleinere der Felseninseln im Meer, die umso weißer wird, je näher man ihr kommt. Über 30 000 Möwen, Basstölpel und Sturmtaucher bevölkern den Felsen, der von Meereshöhe bis zur Spitze mit Guano bedeckt ist und bei Windstille auch aus der Distanz einen beißenden Geruch verbreitet. Betreten darf man diese Vogelschutzinsel nicht, danach sehnt man sich aber auch nicht, denn man möchte zurück auf das Festland, sich in ein Café am Hafen setzen und das Meer betrachten, von dem man sich gar nicht mehr trennen will.

BELOHNUNG ODER VERFÜHRUNG

Das asketische Leben der Mönche auf Skellig Michael lässt manchen über Konsumverhalten und Globalisierung nachdenken, doch irgendwann kommt die Erkenntnis, dass wir im 21. und nicht im 6. Jahrhundert nach Christus leben. Auch wenn an der Spitze der Iveragh-Halbinsel die archaische Landschaft zu mehr Ruhe und Gelassenheit mahnt, selbst hier gibt es Gelegenheit für weltliche Genüsse kulinarischer Art, von denen man sich verführen lassen kann. Die Rede ist von einer kleinen Chocolaterie, die in Ballinskelligs zu Hause ist und die in Handarbeit wunderbare Pralinen und köstliche Schokoladen herstellt. Inhaber Colm Healy ist der westlichste Schokoladenhersteller in Europa, aber dieses Prädikat hat er gar nicht nötig. Seine Pralinen sind von himmlischer Qualität, wie sollte es im Schatten von Skellig Michael auch anders sein. Skellig Chocolate Company, The Glen, St. Finan's Bay, Ballinskelligs, County Kerry, Tel. (066) 9479119, www.skelligschocolate.com

WEITERE INFORMATIONEN ZU DEN SKELLIG-INSELN

Die Multimedia-Show »The Skellig Experience« im neuen Museum an der Brücke von Portmagee nach Valentia Island informiert über alles, was man zu den Skelligs wissen muss. www.skelligexperience.com und www.skelligstrips.com

22 Dingle Town und Halbinsel

Im Land von Finn und Fungie

Der nördlichste der fünf Finger, die Dingle-Halbinsel, weist mehr faszinierende Küsten- und Gebirgslandschaften, typische Dörfer und archäologische Stätten auf als andere Regionen Irlands. Die Dingle Peninsula ist zum Synonym für Irland pur geworden und Kerrys ganzer Stolz. Jeder, der einmal hier war, kommt wieder, garantiert. Selbst Delfine wollen nicht mehr weg.

Eine Rundreise über die Dingle-Halbinsel beginnt in Castlemaine, der Burg des Maine-Flusses, die südlich von Tralee liegt. Über Inch und Annascaul geht es weiter nach Dingle Town. Schon auf dieser Strecke zieht einen die unaufdringliche Schönheit der Landschaft in ihren Bann. Sanfte, grüne Hügel wechseln sich ab mit weißen Sandstränden, die in der Sonne goldfarben glänzen. Im Kontrast dazu erscheinen rote Klippen und graubraune Bergkuppen wie Wächter einer anderen Welt. Nicht umsonst erzählt man sich, dass in mystischer Vorzeit König Darie Donn auf der Dingle-Halbinsel landete, um Irland in Besitz zu nehmen. Doch der König hatte die Rechnung ohne die Dingle-Riesen gemacht. Finn MacCool und seine Kumpanen trieben Darie Donn zurück ins Meer, und er verschwand auf nimmer Wiedersehen. Die großartigen Landschaften sind erhalten geblieben, aber Riesen trifft man am Mount Eagle, dem Connor Pass und am Mount Brandon leider keine mehr.

Fungie in Dingle

Kein neuer Tanz, kein Pilzgericht und auch keine neue Automarke: Fungie ist ein Delfin und der Star von Dingle Town. Im Ferienzentrum der Halbinsel, das im Sommer um ein Vielfaches seiner 1800 Einwohner anwächst, spielt sich das Leben zwar meistens in den 57 Pubs ab, oder waren es doch 58? Aber wenn Fungie in der Bucht auftaucht, rennt alles zum Hafen, um den Delfin zu begrüßen, der hier sein Zuhause gefunden hat. Erstmals tauchte er mit seiner Delfin-Mutter 1983 aus den Fluten in der Dingle Bay auf, auch nach dem Tod seiner Mutter blieb Fungie hier am Eingang zur Hafenbucht, aus freiem Willen, wie man überall betont. Kein Experte und Wissenschaftler kann bisher schlüssig erklären, warum das so ist. Vielleicht liegt es ja am Denkmal, das die Gemeinde ihm zu Ehren am Hafen errichtet hat. Selbst wenn er ab und zu zu einem Kurztrip mit seinen vorbeiziehenden Artgenossen aufbricht und sich ein paar Tage lang nicht blicken lässt, zurückge-

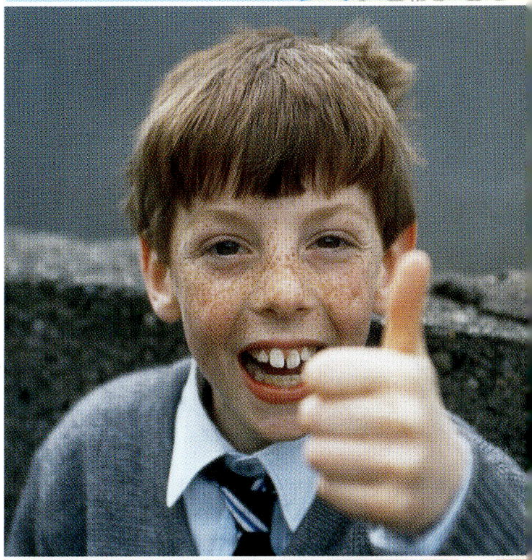

Am Clogher Head kommen Sonnenuntergangsromantiker auf ihre Kosten (linke Seite). Auf der gesamten Dingle-Halbinsel lässt es sich gut leben, das wissen schon die Schulkinder (Mitte). Dingle Town ist das geschäftige Ferienzentrum der Halbinsel, hat dennoch seinen kleinstädtischen Charme bewahrt (unten).

In »Dick Mack's Pub« (oben), im Hafen von Dingle Town (Mitte) und am Gallarus Oratory (unten) – die Halbinsel bietet authentische Irlandszenerien. An den Klippen von Slea Head sanken 1588 Schiffe der spanischen Armada (oben rechts). Wer würde hier nicht gerne einkehren (rechte Seite oben)? Verlockend: Strände am Slea Head (rechte Seite unten).

kommen ist er noch immer. So wurde er natürlich im Laufe der Zeit vereinnahmt: Bootsausflüge zu und Schwimmen mit Fungie, T-Shirt mit Fungie, Fotos von Fungie, Fungie über alles. Und ein Besuch in der Dingle Oceanworld gerät zur geeigneten Ergänzung, denn die Aquarien und maritimen Biotope sind so artgerecht, vielfältig und kompetent zusammengestellt wie sonst in kaum einer Unterwasser-Erlebniswelt an Land.

Dunquin und Ballyferriter

Weiter geht es entlang der Küstenstraße auf dem Slea Head Drive Richtung Dunquin, von dort starten die Boote zu den Blasket Islands, die man einfach gesehen haben muss. Doch zuvor sieht man sich hinter Ventry das Dunbeg Fort an, ein Ringfort aus dem 6. Jahrhundert mit vier äußeren Steinwällen und so dicht an die Klippen gebaut, dass bei der Besichtigung Vorsicht geboten ist. Ein unterirdischer Fluchttunnel und eine Steinhütte im Zentrum des Forts sind noch erhalten. Welcher Kelten-Clan aber die Anlage errichtete, das verschwindet im Nebel der Geschichte. Umso klarer ist der Blick von Slea Head über die Dingle Bay, auf Mount Eagle und die fantastischen Strände am Westzipfel der Halbinsel wie etwa den Coumeenoole-Strand. Zudem ist die Gegend regelrecht übersät mit steinernen Bienenstockhütten, den »Clochans«, die den apulischen Trullis so ähnlich sind. Ballyferriter ist ein Ort für jene, denen Dingle zu lebhaft und der Trubel um Fungie zu lästig geworden ist. Auch hier gibt es verträumte Sandstrände, alte Klostersiedlungen und Wanderungen zu frühchristlichen Monumenten wie der

Gallaruskapelle, die die Jahrhunderte überdauert hat und aussieht wie ein umgedrehtes Boot .

Cloghane und Brandon

Auch an der Brandon Bay kann man an endlos erscheinenden Stränden spazieren gehen, das kleine Dorf Cloghane erscheint wie ein letztes Refugium abseits der sich immer schneller drehenden Welt und rühmt sich, den längsten Sandstrand Irlands zu besitzen. Im Juli wird im Dorf und auf der Spitze des Mount Brandon das keltische Erntefest Lughnasa gefeiert, im August kommen die traditionellen »Currach«-Kanus während der Brandon-Regatta zu Ehren. In der Bucht von Brandon Creek soll der heilige Brendan im 6. Jahrhundert in einem mit Tierhäuten bespannten Boot seine Seereise begonnen haben, die ihn bis nach Amerika führte. Dass diese fantastische Reise durchaus möglich war, wurde 1976 bewiesen, als eine Mannschaft furchtloser Seeleute von Brandon Creek aus mit einem exakt nachgebau-

ten Boot in See stach und ein Jahr später das kanadische Neufundland erreichte. Auf den Pilgerpfad zum 950 Meter hohen Berg Mount Brandon begeben sich noch heute die Menschen, triumphierte hier doch der keltische Sonnengott Lug über den Gott der Unterwelt, Crom Dubh. Die Mystik des Ortes ist noch immer zu spüren, bei Nebel und schlechtem Wetter ist ein Aufstieg ohne Kompass und wetterfeste Kleidung allerdings nicht zu empfehlen.

Die Rose von Tralee

Über Castlegregory und den Rough Point am Ende der Landzunge zwischen Brandon und Tralee Bay, an dem häufig Orkas, Grindwale und Delfine vorbeiziehen, geht es zum Endpunkt der Halbinsel-Rundfahrt, nach Tralee. Die Kleinstadt hat den Ruf eines nüchternen Provinzstädtchens, ein wenig zu Unrecht, denn langweilig sind die 23 000-Einwohner-Stadt und ihre lebendige Pub-Szene sicher nicht. Und das nicht nur im August, wenn beim traditionellen Festival »Rose of Tralee« eine der hübschesten Irinnen zur Schönheitskönigin gekürt wird. Sehenswert sind auch das Kerry County Museum mit aussagekräftigen Ausstellungen zur Geschichte und Entwicklung in Kerry, der großzügige Stadtpark im Herzen der Stadt, der natürlich passend zum Festival einen großen Rosengarten vorzeigen kann und die Blennerville Windmill. Irlands größte noch in Betrieb befindliche Windmühle zeigt auch die Geheimnisse des »homemade« Sodabrot.
Die Dingle-Halbinsel wird sicher eine gälisch geprägte Region der Traditionen, der Sprache und der maßvollen Entwicklung bleiben, dafür wird Fungie schon sorgen. Da ändert auch der alljährliche Trubel um die schönsten Rosen von Tralee nichts.

ANNASCAUL UND DAS EIS

Auf dem Weg nach Dingle rauscht so mancher Besucher an Annascaul vorbei und verpasst dabei ein Pub, das von keinem Geringeren als Tom Crean gegründet wurde. Es gibt viele wagemutige Iren, doch Tom steht ganz oben auf der Liste. In der Nähe von Annascaul 1877 geboren, ging er mit 15 Jahren zur Marine und nahm an drei britischen Antarktis-Expeditionen teil: Sowohl Robert Falcon Scott als auch Ernest Shackelton schätzten den Mut, die Weitsicht und die mentale Kraft des bescheidenen Mannes aus Kerry. Nach dem Ersten Weltkrieg setzte sich Tom Crean zur Ruhe, eröffnete das Pub und ließ sich im Jahr darauf auch nicht mehr überreden, Shackelton auf seiner letzten Reise zu begleiten. Im »South Pole Inn« hört man noch heute: Hail, hail, Tom Crean, hail, hail, Tom Crean. He's the bravest man that the world's ever seen. South Pole Inn, Main Street, Annascaul, Tel (066) 9157388, www.annascaul.net

WEITERE INFORMATIONEN ZUR DINGLE-HALBINSEL

Dingle Tourist Office, Strand Street, Dingle, Tel. (066) 9151188, www.dingle-peninsula.ie
Websites: www.dodingle.com
www.irishdolphins.com
www.dingle-oceanworld.ie
www.tralee.ie

23 Blasket Islands

Literatur der Einsamkeit

Die Blasket-Inseln ragen als westlichster Punkt fünf Kilometer vor der Küste der Dingle Peninsula aus dem Meer. Die Inselgruppe war bis 1953 bewohnt, die ältesten Spuren menschlichen Lebens reichen gar bis in die Eisenzeit zurück. Auf Inishvickillane fand man Hinweise auf frühchristliche Siedlungen, noch heute kennt in Irland jedes Kind die Blasket Islands, denn im Literaturunterricht spielen Dichter und Werke wie Tomás O'Crohans »Islandmen« oder Michael O'Sullivans »Twenty Years of Growing« eine große Rolle. Die Islandmen haben sogar Annemarie und Heinrich Böll unter dem Titel »Die Boote fahren nicht mehr aus« ins Deutsche übersetzt. Vieles dient der Beschreibung einer archaischen Gaeltacht-Kultur, die vom Kampf mit der Natur, der Pflege der überlieferten Sprache und dem heldenhaften, einfachen Leben auf den Inseln berichtet. Vor allem Great Blasket kann heute besucht werden, ein Trip in die Einsamkeit zu einer rauen, karstigen Felseninsel, die im Sommer von einigen Unentwegten wieder bewohnt wird. Nur Schafe und Kegelrobben sind ansonsten die Nachbarn.

Von Musikern, Fischern und Poeten

Man kann in dem in Dunquin errichteten Blasket Centre unter ästhetischen Gesichtspunkten einen architektonischen Sündenfall sehen oder avantgardistischen Mut zum Kontrast, der langgezogene Komplex mit dem verglasten Eingangsbereich sticht jedenfalls ins Auge und zeigt auf die Inseln, die auch das Thema in den Ausstellungsräumen bilden. Diese widmen sich mit zahlreichen Fotografien, Gegenständen des Alltags, Büchern und Exponaten, wie man sie authentischer sonst in kaum einem Heritage Centre findet, dem Leben, der Arbeit und der Kreativität der Bewohner der Blaskets. Auch die Videoshow ist von beeindruckender Tiefe und Qualität.
The Blasket Centre, Dunquin, County Kerry, Tel. (066) 9156444, www.heritageireland.ie

Die Spuren der Zeit sind über die Blasket-Inseln hinweggezogen, verlassene Häuser (Mitte) und das einstige Dorf auf Great Blasket (unten und rechts) verwandeln sich in Ruinen. Nur die Kegelrobben ziehen hier noch ihre Jungen groß.

24 Cobh und Roche's Point

Abschied mit Tränen

Wer die traurige Geschichte der über zwei Millionen irischen Auswanderer aufspüren will, begibt sich ins kleine Städtchen Cobh auf Great Island, den vorgelagerten Hafen in der Bucht von Cork. Das berühmteste Schiff, das hier jemals ankerte, war im April 1912 die »Titanic«, ihr letzter Halt, bevor sie am Eisberg zerschellte. In der unvermeidlichen »Titanic Bar« direkt am Pier gibt es viele Erinnerungen an den »Hafen der Tränen«, denn von hieraus verließen während der Hungersnöte die Iren ihre Heimat. Das sehenswerte Heritage Centre nebenan im umgebauten alten Bahnhof von Cobh zeigt eine er-greifende Multimedia-Show zur Geschichte von Queenstown, wie Cobh bis zur Unabhängigkeit 1921 hieß. Das Denkmal von Anne Moore und ihren beiden Brüdern direkt am Hafen erzählt davon, wie sie am 20. Dezember 1891 auf der »S.S. Nevada« Irland verließen, um als erste akzeptierte Emigranten am 1. Januar 1892 das neue amerikanische Imigration Centre Ellis Island zu passieren. Auch wenn Cobh sich mit bunten Häuserzeilen, dem Jachthafen und einem romantisch anmutenden Stadtbild herausgeputzt hat, eine stille Melancholie ist an grauen Herbsttagen hier immer noch zu spüren. Nur ein paar Kilometer weiter südlich liegt Roche's Point, der Leuchtturm hinter Whitegate, und Trabolgan. Dies war das letzte Bild, das die Auswanderer von ihrer geliebten Heimat zu sehen bekamen. Ein Bild, das sie für immer im Herzen trugen.

Auf den Spuren der »Titanic« durch Cobh

Eine Stadtführung der besonderen Art bietet Michael Martin, Autor und Erfinder des Titanic Trail. Ganzjährig startet die Tour am »Commodore Hotel« und zeigt alle wichtigen Plätze und Gebäude der Stadt, die mit der Geschichte der »Titanic« und Cobh als Auswandererhafen zu tun haben. Dazu gehören auch die neogotische St. Colman's-Kathedrale, das »Lusitania«-Friedensmonument und das »Titanic«-Denkmal. Am Ende der Führung gibt es in der traditionellen »Jack Doyles Bar« ein leckeres »local beer«. The Titanic Trail, Carrignafoy, Cobh, Tel. (021) 4815211, www.titanic-trail.com

HOTELEMPFEHLUNG: Waters Edge Hotel, Cobh, Tel. (021) 4815566, www.watersedgehotel.ie

Cobh war bis Mitte des 20. Jahrhunderts der bedeutendste Transatlantikhafen der Insel. Die bunte Häuserzeile am Hafen (Mitte) erfreut die Besucher. Anne Moore und ihre Brüder (links) mussten von hier aus ihre Heimat verlassen. Der Leuchtturm am Roche's Point (unten) war eines der letzten Bilder, das die Auswanderer von Irland mitnahmen.

Selbst im Nebel wirken die Landschaften an der Westküste wie aus einer Traumzeit (Mitte). An den Cliffs of Moher (rechte Seite unten) schwebt man 230 Meter über dem Meer. In der Nähe von Liscannor sprudelt eine der vielen Quellen, die der heiligen Brigid gewidmet ist (unten). In Lisdoonvarna werden die Ehen in Willie's Bar geschlossen (rechte Seite oben).

25 Cliffs of Moher

Dem Himmel so nah

Die atemberaubenden Cliffs of Moher im County Clare gehören zu den beliebtesten und spektakulärsten Attraktionen an der irischen Westküste. An ihrem höchsten Punkt, dem O'Brien's Tower, stürzen sie 230 Meter hinab ins Meer. Noch imposanter ist allerdings ihre horizontale Ausdehnung, über acht Kilometer hinweg gibt es nichts als Wasser, Steilklippen und den Himmel über uns.

Manchmal reichen Naturwunder einfach nicht aus, um Besucherströme anzulocken. Dann kommen Experten, Geologen, Botaniker, Museumspädagogen, Projekt- und Tourismusentwickler zu Wort und beginnen, etwas auszuhecken. Die Cliffs of Moher haben das mit Sicherheit gar nicht nötig gehabt, aber manchmal bereiten dann doch viele Köche einen schmackhaften Kuchen.

Planierraupen und Bulldozer

Ein neues Besucherzentrum für die am meisten besuchte Attraktion Irlands, die spektakulären Cliffs of Moher, wurde seit Anfang 1990 diskutiert, geplant und im Februar 2007 eröffnet. Lange Zeit sah es so aus, als wären alle Baufahrzeuge Irlands im County Clare unterwegs, um eines der letzten archaischen Naturmonumente der Welt einzubetonieren. Vor der Silhouette der acht Kilometer weiten Klippenlandschaft von Moher klaffte ein riesiger Erdaushub bis hin zum Hag's Head. Die grasgrünen Hügel am O'Brien's Tower schien man abtragen zu wollen. Entlang der spektakulären Klippenkante war ein gepflasterter Weg mit einem palisadenartigen Zaun aus Steinplatten bereits fertiggestellt. Von den Erdumwälzungen aber ist zum Glück heute nichts mehr zu sehen. Der damalige Premierminister Bertie Ahern, inzwischen wegen finanzieller Unregelmäßigkeiten zurückgetreten, weihte das neue Bauwerk ein, das seit seiner ersten Planungsphase vor 17 Jahren so viel Aufsehen erregt. Und manch einer der Gäste konnte es nicht einmal auf Anhieb ausmachen. Denn das 31,5 Millionen Euro teure Ensemble aus Restaurant, Café, Ausstellungsräumen und Souvenirshop wurde elegant ins Innere der Klippen versenkt und lugt jetzt wie das Cockpit einer fliegenden Untertasse mit Panoramascheiben über die atemberaubende Atlantikszenerie. Die hügelige Grashaube wurde dem Besucherzentrum am Ende wieder aufgesetzt.

Spaziergang am Rand des Abgrunds

Knapp eine Million Besucher sind jährlich an der von starken Böen umwehten Klippenkante unterwegs. Warnhinweise, über bestimmte Ecken nicht hinauszuschreiten, wurden oft genug in den Wind geschlagen. Mit der neuen Umfriedung aus Steinplatten und Aussichtsbuchten wurde an den 250 Meter langen South Cliffs nun für mehr Respekt vor den nur spärlich bewachsenen Abgründen gesorgt und gleichzeitig der Naturraum stärker geschützt. Dabei hat man das Material für den Steinzaun aus den Klippen herausgeschnitten und so zugleich einen maritim-geologischen Lehrpfad über dem Atlantik geschaffen. Diese faszinierenden Einblicke in die Geohistorie der Klippen zeigt auch die Ausstellung im neuen Besucherzentrum. Und selbst bei schwieriger Wetterlage wird den Gästen nun der atemberaubende Ausblick über die Atlantic Edge und den tobenden Ozean garantiert sein. An klaren Tagen kann man bis zu den Aran-Inseln in der Galway Bay hinüberschauen, am Horizont tauchen schemenhaft die Berge von Connemara auf. Mit dem Fernglas lassen sich 30 verschiedene Vogelarten beobachten, darunter die putzigen Papageientaucher, die in den Klippen nisten. Ein besonderes Erlebnis ist auch der Blick von unten nach oben, dazu muss man allerdings einen der Fischkutter in Doolin besteigen und sich einer Cliffs-of-Moher-Kreuzfahrt anvertrauen. Gottvertrauen gehört an windigen Tagen allerdings dazu, denn auf mancher Nussschale erwartet einen sicherlich kein Captain's Dinner.

PARTNERVERMITTLUNG AUF IRISCH

Vor lauter Verzweiflung sich die Klippen hinabzustürzen, weil man keine Partnerin oder den Partner fürs Leben abbekommen hat, braucht sich heute niemand mehr. Die Rettung naht in Form des jährlichen Matchmaker Festivals im September, das in Irlands einzigem Heilbad Lisdoonvarna gefeiert wird. Im Gegensatz zu manch mondänem Kurbad à la Karlsbad, war Lisdoonvarna immer ein Treffpunkt der einfachen Leute, die hier im warmen Schwefelwasser ihre Zipperlein lindern konnten. Natürlich war solch ein Wellness-Weekend immer auch die Gelegenheit, zarte Bande zu knüpfen. Am Rande der Cliffs und des Burren muss das schon immer besonders erfolgreich gewesen sein, denn zahlreiche Heiratsvermittler boten hier ihre Dienste an. Heute hat das Matchmaker Festival zwar eher Volksfestcharakter, an dem Whiskey und Bier, Musik und Klimbim im Vordergrund stehen, einen echten Matchmaker gibt es in Person von Willie Daly aber noch immer in Lisdoonvarna. Sinnigerweise natürlich auch eine deckungsgleiche, pardon, namensgleiche (Matchmaker) Bar. www.matchmakerireland.com

WEITERE INFORMATIONEN ZUM CLIFF OF MOHER

Cliffs of Moher Visitor Centre, County Clare, www.cliffsofmoher.ie

www.mohercruises.com

Das Fleadh Nua Festival im Mai zieht viele Tanzgruppen an (Mitte). In den Dörfern des Burren wie Ballyvaughan laden hübsche Cafés in alten Cottages zur Rast ein (unten). Wo der Burren in die Küstenlandschaft übergeht, wirkt er verlassen (rechte Seite oben). Der Poulnaborne Dolmen (rechte Seite unten) ist eines der beliebtesten Fotomotive der Karstlandschaft.

26 Burren

Boireann – Felsland aus grauer Vorzeit

Irland wird zu Recht als die »grüne Insel« bezeichnet, manche haben an die 40 Grüntöne gezählt. Es gibt aber im Nordwesten von Clare eine Region, da beherrscht eine hellgraue Felslandschaft die Szenerie: Mit dem Burren, dem großen Kalksteinmassiv, wollten selbst die wildesten Heerführer nichts zu tun haben. »Kein Wasser zum Ertränken, kein Baum zum Erhängen, keine Erde zum Begraben.« Sie haben nicht genau hingesehen.

Man weiß es nicht so genau am Vormittag, war es das Singen, das Tanzen oder doch die Getränke, angeschlagen, aber keineswegs niedergeschlagen trottet man nach einem ausgiebigen Pub-Abend über die Straße. »Hast wohl Zitronenmarmelade zum Frühstück gehabt«, spottet Paddy, der einem quietschvergnügt über den Weg läuft, als käme er geradewegs vom Tanzfest mit der berühmten Kilfenora Céilí Band, die auf der ganzen Welt von Chicago bis Sydney aufspielt: »Wenn du einen klaren Kopf brauchst, geh am Strand von Spanish Point am Meer spazieren und warte, bis die nächste Set-Dance-Welle anrollt und dich packt. Oder noch besser, geh im Burren wandern. Cheerio my friend.«

Mondlandschaft mit Enzian

Letzteren Vorschlag sollte man wirklich aufgreifen, denn im »Steinigen Ort« wird die Seele gereinigt. Was sich da an die Cliffs of Moher anschließt und ausbreitet, ist eine Urlandschaft, manche sehen eine Mondlandschaft, wie es nur noch wenige in Europa gibt. In Kilfenora, aus dem die großartige Céilí-Band stammt, steht heute ein Besucherzentrum, das die Naturfreunde mit der wunderbaren Welt des Burren vertraut macht. Das Kalkstein-Plateau erstreckt sich über eine Fläche von 250 Quadratkilometern im Nordwesten des County Clare, und obwohl es zuweilen wie eine Kalksteinwüste erscheint, so gehört es doch zu den bezüglich seiner Flora artenreichsten Gebieten Europas. Schon nach einigen hundert Metern hinein in die Welt des Burren kommt man sich vor, als betrete man als erster Mensch diese Landschaft, dabei ist der Burren schon seit über 6000 Jahren bewohnt. Trotz den steinigen, kargen, windumtosten Flächen finden sich auf wundersame Weise hier Pflanzen aus dem arktischen und dem Mittelmeerraum, wilde Orchideen, Thymian und Pfefferminze, Storchschnabel, Enzian und Schlüssel-

GOLEEN-LASS

In »Gus O'Connor's Pub« in Doolin ist Live-Musik angesagt (oben). Bei der Folkmusik-Session machen alle mit (unten). Billy Wheelan auf seinem Feld (rechts oben). Während des Musikfestivals in Milltown Malbay wird auch tagsüber gefeiert (rechte Seite oben). Ballyvaughan hat sich zum schicken Fischerdorf gemausert (rechte Seite unten).

blumen, die sich durch die Felsspalten schieben. Ob Pyramiden- oder Froschorchidee, Johanniskraut, Wicken oder Roter Klee, dem Schöpfer und den wilden Ziegenherden zum Trotz breitet sich eine Pflanzenvielfalt aus, die den nackten Fels auf ein Fünftel der Gesamtfläche zurückgedrängt hat.

Klappernde Knochen im Wind

In diesem Wunderland aus Kalkstein gibt es natürlich sagenumwobene Orte wie das Poulnabrone-Hünengrab. Zur Wintersonnenwende scheint in den Dolmen, der 3500 Jahre vor Christus errichtet wurde, direkt die Sonne hinein. Die meist noch unerforschten Höhlensysteme und unterirdischen Flussläufe des Burren regen die Fantasie an. In alten Gemäuern wie der Corcomroe Abbey aus dem 12. Jahrhundert bei Bellharbour steht plötzlich zwischen all den steingrauen Mauern und majestätischen Spitzbögen eine farbenfrohe Marienstatue, liegt hier der letzte König von Munster Connor O'Brien begraben. Das hat schon William Butler Yeats zu einer Geschichte inspiriert, nachzulesen in »Shaking of the Bones«. Die Knochen können einem schon klappern, wenn der Wind Schauer über die Ebenen peitscht und der Weg zum Black Head, nach Fanore, einem verträumten Ort mit schönem Strand oder zum wärmenden Torffeuer in »Gus O'Connor's Pub« in Doolin noch weit ist. Dort begegnet einem Máire Rua, die Rote Mary, in Form einer weiteren Burren-Legende. Als ihr Gatte Connor O'Brien, Burgherr von Leamenah Castle, 1651 im Kampf gegen die Protestanten fiel, versuchte die Witwe sogleich, den Besitz für ihre

acht Kinder zu retten und heiratete einen cromwellschen Offizier. Der stürzte dann unter ungeklärten Umständen vom Burgturm. Die Rote Mary ging zwar als männermordende Hexe in die Geschichte ein, gestorben ist sie aber 1668 eines natürlichen Todes.

Tanz und Tradition

Die Hauptstadt von Clare heißt Ennis und versucht mit Erfolg, ihr Graue-Maus-Image abzulegen. Früher fesselte man die Besucher mit einem ausgeklügelten System an Einbahnstraßen, heute sind es die farbenprächtigen Läden der Altstadt wie das giftige Lila des »Giftworx«, das Goldgelb der »Wine Press« oder das beruhigende Gelb des »Forever Healthy«-Shops. Außerdem ist hier eine lebhafte Diskussion im Gang, was traditionelle irische Musik und Tanz ausmacht und was an Modernisierung erlaubt ist. Darf zum Beispiel eine Band mit Gitarre auftreten oder dürfen nur die alten Instrumente eingesetzt werden? »Das ist die alte Frage nach Gold or Glory«, sagt P. J. Curtis, in Clare geborene Autorität, was Traditional Irish Music betrifft. Als Radiomoderator, Musikjournalist und Plattenproduzent weiß er, wovon er spricht: »Das Thema

Riverdance wird heftig diskutiert. Die Traditionalisten lehnen es ab, die Fortschrittlicheren wollen mehr moderne Einflüsse, sonst sterben die alte Musik und die Tänze aus.« Angefangen hat die ganze Bewegung in den Häusern der Menschen hier in Clare, hat sich in den 70er-Jahren in die Pubs und Concert Halls verlagert und seit den 80ern gibt es immer wieder kleinere musikalische Innovationen, die assimiliert werden. Nicht ohne Widerstand. Und der größere Teil der jüngeren Leute, die heute in Clare in ein Pub gehen, ist nicht mehr besonders interessiert an der traditionellen Musik.

Dreh dich um, aber richtig

Diese Meinung vertritt auch Katie Verling, Direktorin des Glór – Irish Music Centre in Ennis, eines Kulturzentrums, das vor einigen Jahren eröffnet wurde und das über modernste Bühnentechnik und beste Akustik verfügt: »Wir kümmern uns natürlich um das große musikalische Erbe des County Clare, aber für Gruppen wie Clannad oder Planxty bekäme ich heute kein ausreichendes Publikum mehr. Riverdance ist eine brillante Show, Ergebnis der Innovationen der irischen Musik, hat aber nur wenig mit den Traditionen zu tun. Dennoch: Man darf die Augen nicht vor der Realität verschließen. Fragen Sie die Leute, woran man in Ennis im Pub einen Touristen von einem Iren unterscheiden kann. Der Tourist dreht sich zu der Musik um, der Ire zeigt ihr seinen Hintern.« Ob nun mehr Traditionelles oder Riverdance-Kommerz, im Glór, was so viel wie »Stimme« bedeutet, hat beides seinen Platz, auch die unvermeidlichen Setdancing-Kurse. Und in Clare wird sicher beides überleben, Traditionelles und Modernes, Einsamkeit im Burren und Folkfestivals auf dem Lande.

TANZEN UND MUSIZIEREN

Milltown Malbay, der kleine Ort an der Küste zwischen Kilkee und Lahinch an der Malbay wird jeden Juli zum Mekka der Musikfans. Hier in Clare liegen die Wurzeln der traditionellen irischen Musik und des Tanzes, doch Milltown Malbay setzt allem die Krone auf. Keine Wiese ohne Zelt, kein Pub, kein Hotel ohne Live-Musik und kein größerer Raum ohne Tanzkurse. Die Willie Clancy Summer School of Traditional Music and Dances huldigt einem der größten Musiker Irlands. Willie war der Guru der irischen Musik, zu ihm pilgerten sie alle. Seit 1973 gibt es das Festival in Milltown Malbay, und es ist noch immer wie damals: Überall singt, tanzt und fiedelt es um die Wette. »Advance, forward, backwards, across, dance in place four bars, advance again, dance in cross. Next figure: One-two-three, one-two-three, house around, house in place.« Die Luft ist vollgestopft mit Düften nach Guinness, Schweiß und Freudentränen über die ersten gelungenen Schritte. Und mitmachen kann jeder, der bis drei zählen kann. www.setdancingnews.net/wcss

WEITERE INFORMATIONEN ZUM BURREN

The Burren Centre, Kilfenora, Tel. (065)7088030, www.theburrencentre.ie
Websites: www.visitennis.ie, www.glor.ie, www.clarelibrary.ie

Über die Aran-Inseln zieht sich ein Musterteppich an Steinmauern (Mitte), die auch den Kälbern Schutz vor Wind und Wetter bieten (unten). Der Hauptort Kilronan auf Inishmore ist heute das Zentrum der Inseln (rechte Seite unten), legendär die Verfilmung »Die Männer von Aran« von 1934 unter der Regie von Robert J. Flaherty (rechte Seite oben).

27 Aran Islands

Die Magie unbändiger Natur

Inishmore, Inishmaan, Inisheer – das sind nicht nur Namen, das klingt wie ein Gebet. Mit dem Schiff erreicht man die Aran-Inseln in einer Dreiviertelstunde von Rossaveal aus; wer es eilig hat, kann mit Aer Arann vom Connemara Airport herüberhüpfen. Doch Eile ist hier unangebracht, keiner hastet über die Inseln, denn die Uhren gehen auf den Aran Islands anders.

Der Rhythmus des Meeres und des Windes bestimmt das Leben, mächtig ist hier nur die Natur. Sehr mächtig sogar, das zeigen schon die dramatischen schwarzen Klippenlandschaften, in die sich die Wogen immer weiter hineinfräsen. Die Aran-Inseln gehören zwar zum County Galway, geologisch gesehen bilden sie aber eine Fortsetzung des Burren im County Clare. Sie waren schon in der Eisenzeit besiedelt, und auch die ersten christlichen Klosteranlagen gehen bis ins 5. Jahrhundert zurück. Generation für Generation musste den kargen, von Eiszeitgletschern gebildeten Felsenplateaus ein bisschen fruchtbaren Boden abringen, für Bäume ist die Humusschicht zu dünn, der Wind zu stark und die Luft zu salzig.

Mit Bus und Pony auf Inishmore

Auf der größten und westlichsten der Aran-Inseln, dem 14 Kilometer sich ins Meer streckenden Inishmore, leben heute etwa eintausend Menschen. Man kann mit dem Bus oder mit der Pferdekutsche die Insel vom Hauptort Kilronan aus erkunden, natürlich auch mit dem Fahrrad oder auf Schusters Rappen. Inishmore ist die am häufigsten besuchte Insel und ihre bedeutendsten Attraktionen sind zwei der spektakulärsten archäologischen Stätten Irlands: Dún Aengus und Dún Dúchathair. Neueste Untersuchungen datieren diese Steinforts auf die Zeit 600 Jahre vor Christus, beide liegen direkt an den Steilklippen und sind bei Sturm nur mit äußerster Vorsicht zu besichtigen, denn es gibt keine Geländer. Sie strahlen eine archaische Faszination aus, gespeist vom tosenden Meer und den dramatischen Wolkenformationen, die über den Himmel von Inishmore ziehen. Ob man nun an die Kraft der Druiden glaubt oder nicht, ein Schluck Wasser aus der St. Kierans-Quelle, die unterhalb des Dorfes Mainistir als keltisches Heiligtum hervorsprudelt, verklärt den Besuch auf Inishmore und soll zur Rückkehr bewegen.

Stricken auf Inishmaan

Die mittlere der drei Aran-Inseln, Inishmaan, ist nur halb so groß wie Inishmore, aber deshalb nicht weniger sehenswert. Dennoch verirrt sich hierher kaum ein Besucher. Wer also ein paar Tage seine Ruhe haben will vor dem Lärm der Welt, für den ist Inishmaan genau das Richtige. Einige der 250 Bewohner haben sich in einer Kooperative organisiert, die edle Strickwaren und Pullover in die ganze Welt exportiert. Auch ein Heimatmuseum ist der kleinen Fabrik angeschlossen, das von landwirtschaftlichen Geräten über typische Kleidungsstücke der Aran-Inseln bis zur aktuellen Kollektion das Inselleben in alter und neuer Zeit präsentiert. Dabei haben die heutigen Stücke nichts mehr mit dem klassischen, kratzigen Aran-Pullover gemein; sie werden mit feinster Wolle gestrickt, sind farbenfroh und kosten in den Boutiquen weltweit ein stolzes Sümmchen. Hier auf Inishmaan kommt also auch der Schnäppchenjäger auf seine Kosten. Da die Einwohner aber nicht allein vom Tourismus und der Fischerei leben, wirkt das Leben angenehm unaufgeregt. Das hat auch der berühmte Schriftsteller John Millington Synge zu schätzen gewusst und hier vor einhundert Jahren einige Sommer verbracht. Aus seiner Feder stammt auch der Klassiker »The Aran Islands«.

Wandern auf Inisheer

Das kleine Inisheer liegt nur wenige Kilometer vor der Küste von Clare, konnte sich aber aufgrund der erst vor rund 40 Jahren einsetzenden Erschließung mit den Errungenschaften der modernen Zivilisation wie Strom und Telekommunikation bis heute seinen ursprünglichen Zauber bewahren. Auf einer gemütlichen Rundwanderung lässt sich Inisheer erkunden und der Ausblick vom höchsten Punkt, dem O'Brian's Castle aus dem 15. Jahrhundert, genießen.

DIE MÄNNER UND DAS MEER

Es gibt inzwischen eine lange Liste an Schriftstellern und Literaten, die die Aran-Inseln zu ihrem Thema gemacht haben, von Liam O'Flaherty bis John Millington Synge. Tim Robinson legt in seinem kleinen Verlag Folding Landscapes in Roundstone im County Galway mit detaillierten Karten, Führern und Kulturstudien zu den Aran-Inseln ausgezeichnete und hilfreiche Werke auf, die für jeden Besucher einen Gewinn bedeuten. Den bisher besten Dokumentarfilm zum harten Leben auf den Inseln hat mit dem Filmklassiker »The Man of Aran« Robert Flaherty 1934 gedreht. Die Schwarzweiß-Bilder der mit den Unwettern kämpfenden Männer von Aran in ihren kleinen geteerten Booten, den *curraghs*, gehen noch heute unter die Haut. Szenen wie die heimkehrenden Fischer mit dem ans Boot gebundenen Haifisch erinnern an Ernest Hemingways »Der alte Mann und das Meer«, für das er 1954 den Literaturnobelpreis bekam. Ob Hemingway den Film gekannt hat, ist nicht bekannt, zu sehen bekommt man ihn auch im Aran Heritage Centre.
www.foldinglandscapes.com

WEITERE INFORMATIONEN ZU DEN ARAN ISLANDS

Aran Heritage Centre, Kilronan, Inishmore, www.visitaranislands.com
www.aran-isles.com

AHERTY
ARKETS
ECTRICAL

28 Galway City

Kulturzentrum des Westens

Galway, mit rund 73 000 Einwohnern die größte Stadt an der Westküste, hat sich zu einem bedeutenden Kultur- und Geschäftszentrum entwickelt. Eine äußerst lebendige Festivalszene, eine gelungene Mischung aus mittelalterlichem Altstadtkern und modernen Städtebauelementen und die vielen Studenten und Künstler aller Richtungen verleihen Galway, dem Tor des Westens, ein kosmopolitisches Flair.

In Galway tobt das Leben, das ist beileibe nicht übertrieben. Bunt, zuweilen grell, laut, manchmal ausgeflippt geht es in Galway zu, nicht nur in den zahlreichen Pubs der Altstadt. Musiker und Gaukler scheint die Stadt am River Corrib anzuziehen wie das Licht die Glühwürmchen. Eine vielfältige Kulturszene – kaum ein Monat vergeht ohne ein Festival – prägt das Bild, verleiht im Sommer Galway beinahe südländischen Charakter. Ob zu den Pferderennen während der Galway Races, dem Austern- oder dem Literaturfestival, hier kommt jeder auf seine Kosten. Und Galway wird immer beliebter, ein Strom von Zuwanderern macht die City zu einer der am schnellsten wachsenden Städte in ganz Europa.

Vom Fischerdorf zur Metropole

Am Claddagh Quay schlägt das historische Herz Galways. Am Westufer des Corrib gab es schon im 13. Jahrhundert ein Fischerdorf, das sogar bis ins 20. Jahrhundert hinein seinen eigenen König wählte, der als Bürgermeister und Friedensrichter die Geschicke der Gemeinde lenkte. Von der alten Siedlung ist nichts mehr erhalten, doch am Hafen sieht man noch heute einzelne Galway Hooker, mit den traditionellen Booten brachten die Fischer ihren Fang an Land. Hooker bedeutet heute allerdings auch eine in Galway gebraute Biersorte. Der von Ronan Brennan und Adrian Murphy gebraute Stoff wird in allen Pubs der Stadt ausgeschenkt und kommt ganz ohne chemische Zusätze aus. Galway Hooker ist nach wenigen Jahren eine solche Erfolgsgeschichte geworden, dass bereits an Export gedacht wird. Noch eine weitere Spezialität hat die Zeiten überlebt, die Claddagh-Ringe. Sie sind noch heute als Verlobungs- oder Eheringe sehr beliebt. Ihr Design besteht aus einem Herz als Symbol der Liebe, das von zwei ausgestreckten Händen, die Freundschaft bedeuten, getragen wird. Die Krone darüber symbolisiert die Treue. Nicht nur bei Thomas Dillon's Claddagh Gold, dem älte-

Am Westufer des River Corrib gab es mit Claddagh bereits ein Fischerdorf, bevor Galway gegründet wurde (linke Seite). Die Schwäne am Claddagh Quay fühlen sich noch heute heimisch (Mitte), während die zwei alten Männer und der Hund sehnsüchtig aufs Meer schauen (unten). Hunderte von Fischerbooten fuhren einst von hier aus hinaus.

Galway ist bekannt für seine hübschen Läden und Geschäfte in der High Street (oben), aber auch seine Vielfalt an gemütlichen Pubs (Mitte und unten). Berühmt sind die Galway Races, Ruhm und Rennfieber ziehen die Pferdefreunde aus aller Welt an (rechte Seite oben). Die große Kuppel der St. Nicholas-Kathedrale thront über dem Corrib (rechte Seite unten).

sten Juwelierladen der Stadt, gibt es die auch bei Touristen beliebten Ringe, jeder Souvenirladen hat sie natürlich im Sortiment. Und so findet man sie mittlerweile auf der ganzen Welt. Mit dem Hooker-Bier wird das noch eine Weile dauern.

Märkte, Museen und Festivals

Galways schönster Markt befindet sich in der Churchyard Street, direkt im Schatten der Church of St. Nicholas of Myra, die mit ihrer imposanten Kuppel das Stadtbild beherrscht. Christopher Kolumbus soll der Legende nach hier 1477 gebetet haben, eine naheliegende Geschichte, die im Zusammenhang mit dem heiligen Brendan steht, der schon im 6. Jahrhundert von Galway aus nach Amerika gesegelt sein soll. In der Fußgängerzone der Altstadt gibt es viele kleine Läden, Boutiquen und Kunsthandwerkerläden, die Galway einen besonderen Charme verleihen. Ob Bücher bei Hawkins, Tin Whistles bei Powell & Sons oder die noch so seltenen Irish-Folk-CDs bei Mulligan's oder Pullover bei Padraic O'Maille's in der High Street, hier findet jedes Shoppingherz Erfüllung. Wem der Sinn mehr nach Kultur steht, besucht das Galway City Museum, das die Stadtgeschichte vom Mittelalter bis in die Neuzeit mit sehenswerten Exponaten präsentiert, oder wirft einen Blick ins Nora Barnacle House in der Bowling Green 8. Hier wohnte die spätere Ehefrau von James Joyce. Unbedingt sehen sollte man auch die Kenny Gallery im Liosbán Retail Park, die in bedeutenden Ausstellungen irische und internationale Künstler zeigt. Auch an den Festivals kommt man nicht vorbei, ob Literaturfestival im April, das Kunstfestival im Juli, Filmfestival, Rennwoche oder Austernfestival, das ganze Jahr hindurch gibt es in der Stadt etwas zu feiern, für Auge, Ohr und Gaumen.

Pause im Square

Wem nach all den Festivitäten ein wenig Ruhe und Entspannung gut tun, findet im Eyre Square Erholung. Im großen Stadtpark zwischen Bahnhof und Fußgängerzone sticht eine Brunnenskulptur zwischen den Grünflächen ins Auge, die an große Segel erinnert. Damit wird der Handelstradition der Stadt gedacht, als schon im Mittelalter von Galway aus die Handelsschiffe über die Meere segelten. Der Park ist übrigens offiziell nach John F. Kennedy benannt, Galways Ehrenbürger, doch in der Bevölkerung heißt er weiterhin Eyre Square. Selbst das angegliederte Eyre Shopping Centre setzt auf Alt und Neu, hat einen Teil der Stadtmauer und einen Turm restauriert und in das Ensemble integriert. Auch der Torbogen Spanish Arch gleich hinter der Wolfe Tone Bridge am Fluss war vermutlich ein Teil der mittelalterlichen Stadtmauer, durch die Handelsschiffe hindurch mussten, um ihre Waren, vor allem Wein aus Spanien, zu entladen. Und an der Salmon-Weir-Brücke, im Schatten der Galway Cathedral, kann man im Frühjahr den Lachsen zusehen, wie sie mit großen Sprüngen die Fischtreppe überwinden auf dem Weg zu ihren Laichgründen. Auch an der O'Brien Bridge kann man in einem schönen Café am Kulturzentrum die Seele baumeln lassen, eine geschmackvoll restaurierte Mühle bietet der Kunst und dem Kunsthandwerk hier ein stilvolles Zuhause.

Flanieren in Salthill

Ein äußerst beliebter Ort bei Einheimischen wie Besuchern ist die Uferpromenade zwischen Stadtrand und dem Vorort Salthill und das zu jeder Jahreszeit. In Salthill setzt man sich dann in einen der zahlreichen gemütlichen Pubs und genießt den Ausblick auf die Bucht und den Atlantik. Besonders am Abend und zwischen Mai und September erwacht Salthill aus seinem Dornröschenschlaf, wenn die traditionelle irische Tanz- und Musikveranstaltung »Trad on the Prom« gefeiert wird. Salthill hat noch eine weitere Attraktion zu bieten: Im Galway Atlantaquaria, das sich mit dem Titel National Aquarium of Ireland schmückt, kann man in den großzügig angelegten Meereswasserbecken so ziemlich alles sehen, was die Meere bevölkert. Mancher streckt dann die Hand in den Touch-Pool, um einmal zu spüren, wie sich Krebse oder Seesterne anfühlen. Ob gezwickt oder nicht, Galway hinterlässt bei seinen Besuchern einen bleibenden Eindruck, manche bleiben sogar für immer, viele kommen wieder, in die Stadt der Festivals an der Westküste, die es wie keine zweite versteht, Tradition und Moderne zu verbinden.

RENNEN BIS ZUM ABWINKEN

Am letzten Montag im Juli ist es so weit, in Galway geben sich die Pferdeverrückten ein Stelldichein. Für sieben Tage dreht sich in der Stadt und außerhalb in Ballybrit, drei Kilometer östlich vom Zentrum, alles um die Vierbeiner und ihre Geschwindigkeit. Adrenalin pumpende Rennen, Herzschlagfinale und atemberaubende Mode, während der weltberühmten Galway Races ist für jeden etwas dabei. Entsprechend bunt gemischt ist auch das Publikum. Pferdeliebhaber und Wettkönige, Stallbesitzer und High Society, Partyvolk, Promis und ganz normale Sterbliche, nicht nur aus allen Gegenden Irlands, aus ganz Europa und Übersee zieht es sie nach Galway, um bei der völlig ausgeflippten Pferderennsportwoche dabei zu sein. Bereits im August 1869 wurde in Ballybrit die erste zweitägige Rennveranstaltung durchgeführt, doch die Tradition reicht noch viel weiter zurück: Aufzeichnungen aus der Mitte des 13. Jahrhunderts belegen, dass es im County Galway schon damals Pferdeshows und Rennen gab.

WEITERE INFORMATIONEN ZU GALWAY

Ireland West Tourism, Forster Street, Galway, Tel. (091)537700, www.galwaytourism.ie
Websites: www.galway.net
www.galwayartsfestival.ie

Ginster und Moorland prägen Connemara (Mitte). Nur rund vier Prozent der Iren haben rote Haare (unten). Kylemore Abbey besitzt schön restaurierte Gärten (rechte Seite oben) und die Ruinen von d'Arcy Castle gehen auf den High Sheriff John d'Arcy von Galway zurück, dem das Land um Clifden zu Beginn des 19. Jahrhunderts gehörte (rechte Seite unten).

29 Connemara

Landschaften der Seele

Es gibt Gegenden auf dieser Welt, die, kaum hat man sie betreten, einen gefangen nehmen und nicht mehr loslassen. Wie von unsichtbarer Hand geleitet, wird man in Trance versetzt, enthoben aller Sorgen und angekommen dort, wo man hingehört. Connemara an Irlands Westküste ist solch eine Seelenlandschaft, aus der man am liebsten gar nicht mehr zurückkehren möchte in den Alltag.

Sicher, Irlands gesamte Westküste und die Inseln breiten einen magischen, romantischen, manchmal auch dramatischen Zauber aus, dem man sich nicht entziehen kann. Dennoch haben sich einzelne Regionen wie Connemara ihren ganz speziellen Charakter bewahrt. Manche erinnert die Küste hier an Kanada, manche fühlen sich angesichts des Killary Fjords nach Skandinavien versetzt. Idyllische Inseln wie Inishbofin und Inishturk stehen im Kontrast zu den Maamturk Mountains und der Gebirgskette der Twelve Pins, eine Wanderregion par excellence.

Inishbofin und die Lachse

Zudem ist Connemara eine der wichtigsten Gaeltacht-Regionen, in der das Gälische besonders intensiv gepflegt wird. Der gälische Radio-Sender »na Gaeltachta«, das gälische Fernsehen und die Wochenzeitung »Foinse« sind hier zu Hause. Irische Traditionen werden auch auf den Inseln vor Connemaras Küste gepflegt. Schon die halbstündige Überfahrt mit der »Island Discovery« nach Inishbofin ist ein Erlebnis. Von Cleggan an Irlands Westküste aus tuckert die Fähre übers Meer, durch wildromantische Buchten, in denen sich Wildlachse tummeln, hinüber zu einer Insel vor Connemaras Küste, die heute noch 200 Einwohner aufweist. Inishbofin wird seit 600 Jahren bewohnt und ist berühmt für seine traditionelle Musik, die in »Murray's Doonmore Pub Hotel« gespielt und gesungen wird, und sein jährlich stattfindendes Kunstfestival. Inishbofin verzaubert aber nicht nur mit irischem Lebensgefühl, auch eine ein- bis zweistündige Wanderung entlang der Küste, zu einsamen Buchten und mythischen Orten samt Picknick an den Wogen des Atlantiks stellt eine Bereicherung jedes Tagesausfluges nach Inishbofin dar, der bei keiner Rundreise durch Irlands Westen fehlen sollte. Die Wege und Pfade der Insel sind leicht begehbar und auch für ältere Damen und Herren bestens geeignet. Zurück auf dem Festland, ist ein Abstecher zum »Connemara

Einsame Landstriche (oben), harte Torfarbeit (Mitte), bescheidener Fischfang (unten) und kleine Bauernhäuser (rechts oben) findet man hier häufig. Im Abbeyglen Hotel (rechte Seite oben) und am Standing Stone bei Clifden lässt sich ausgezeichnet entspannen (rechte Seite unten).

Smokehouse« der Familie Roberts am Bunowen Pier in Ballyconneely die passende Ergänzung. Der von Graham Roberts auf traditionelle Art trocken gesalzene und im Buchenfeuer geräucherte Wildlachs erzielt jedes Jahr auf den Foodfestivals nicht nur in Irland Spitzenpreise. Auf Voranmeldung gibt es Führungen durch das Smokehouse und natürlich Kostproben von Räucherlachs und Tunfisch, samt einer Kleinigkeit zum Nachspülen.

Dan O'Haras Cottage

Nur sieben Kilometer östlich von Connemaras Hauptort Clifden wird die Vergangenheit in Lettershea wieder lebendig. Hier lebte der weit über die Region hinaus bekannte Farmer Dan O'Hara bis zu seiner Vertreibung nach New York. Die bittere Lebensgeschichte Dans rührt noch heute viele Iren zu Tränen. Seine einfache Hütte im Schatten der Twelve Bens war Treffpunkt für Geschichtenerzähler, Bauern und Familien, sein Torffeuer stand jedem Gast zum Aufwärmen zur Verfügung. Mit seiner Frau und den sieben Kindern lebte er ein einfaches Leben, ernährte sich vom Kartoffelanbau und einigen wenigen Tieren, die zu seinem Hof gehörten. Doch der Landbesitzer erhöhte drastisch die Steuern, Dan konnte nicht mehr zahlen und wurde vertrieben. Auf der Überfahrt starben seine Frau und drei seiner Kinder, die anderen musste er der Wohlfahrt übergeben. Als gebrochener Mann verkaufte er in den Straßen von New York Streichhölzer bis zu seinem Lebensende.

»Sure it' poor I am today,
For God gave and took away,
And left without a home poor Dan O'Hara.
With these matches in my hand,
In the frost and snow I stand
So it's here I am today your brocken-hearted.«

Martin Walsh und seine Familie haben das alte Cottage wieder aufgerichtet, bieten Farmholidays an mit Fischen, Wandern, Torfstechen und der Erinnerung an Dan O'Hara.

Das Nonnen von Kylemore Abbey

Wehmut liegt in der Begrüßung der Äbtissin Magdalena FitzGibbon, wenn sie die Besucher von Kylemore Abbey im äußersten Westen Irlands in Connemara

empfängt: »Lasst uns alle, die kommen, wie Christus selbst empfangen, mahnt uns der heilige Benedikt.« Das wird auch in Zukunft so sein, denn Kylemore Abbey, das älteste Benediktiner-Kloster in Irland, der wunderbar restaurierte viktorianische Garten, die neogotische Kirche und das sehenswerte Besucherzentrum samt Restaurant und Souvenir-Shop werden keineswegs geschlossen. Auch die heute in Kylemore noch lebenden 15 Benediktiner-Nonnen werden nicht umziehen müssen, ihre Gebete, Messen und religiösen Studien weiterhin das Tal mit Frieden erfüllen. Doch eines der renommiertesten internationalen Mädcheninternate des Landes schließt im August 2010 seine Tore: Die Nonnen von Kylemore Abbey sind schlicht und einfach zu alt geworden, um den Unterricht fortführen zu können. Und jüngere Nonnen zieht es offenbar nicht in die wildromantische Abgeschiedenheit des Connemara Nationalparks. Das war einst anders, die seit 1920 hier lebende Gemeinschaft der Nonnen hat eine über 340-jährige Geschichte, die bis zur Gründung des Ordens im Jahre 1665 im belgischen Ypern zurückreicht. Derzeit studieren hier noch 28 Schülerinnen, sie stammen alle aus der Gegend um Connemaras Hauptstadt Clifden, und wie es sich geziemt, werden auch alle noch bis zu ihrem Abschlusszeugnis in Kylemore Abbey bleiben können.

Ein Paradies entsteht

Die Schließung des Internats bedeutet einen großen Verlust nicht nur für das Bildungsangebot der Region und ganz Irlands, auch ein Stück des besonderen Geistes, der aus Kylemore Abbey in die Welt hinausstrahlt, wird verlöschen. Aber Besucher werden weiterhin nach Kylemore strömen und eine besondere Atmosphäre klösterlichen Lebens, in Gebet, Abgeschiedenheit und meditativer Stille erleben können. Auch wenn die wunderbar restaurierten Gartenanlagen immer mehr Besucher anlocken, wie ganz Connemara, das sich zu einem Wander- und Urlaubsparadies gemausert hat.

CONNEMARA AUTHENTISCH

Brian Hughes ist ein wahrer Sohn Connemaras. Hier geboren und aufgewachsen, betreibt er mit seinem Bruder nicht nur das beste Hotel in Clifden, mit seinen Freunden Gerry McCloskey und Gerry Greensmyth hat er Connemara Safari gegründet, einen kleinen, aber feinen Veranstalter für Insel- und Wandertouren durch seine Heimat. Zu den schönsten Bergen, versteckten Buchten und romantischsten Winkel führen die drei passionierten Wanderer die Besucher, und wenn Brian am Strand von Inishbofin seine Gitarre auspackt, Gerry den Champagner öffnet und frisches Brot mit Lachs serviert wird, fragt sich jeder: Warum soll ich jemals hier wieder weg?
www.walkingconnemara.com
HOTELEMPFEHLUNG: Abbeyglen Castle Hotel, Sky Road, Clifden, Tel. (095) 21201, www.abbeyglen.ie

WEITERE INFORMATIONEN ZU CONNEMARA

Ireland West Tourism, Forster Street, Galway, Tel. (091)537700, www.irelandwest.ie
Websites: www.connemara.net
www.npws.ie
www.inishbofinislanddiscovery.com
www.smokehouse.ie
www.connemaraheritage.com
www.kylemoreabbey.com

30 Maam-Cross-Schafmarkt

Welch ein Kreuz mit den Schafen ...

Maam Cross ist weit mehr als eine Straßenkreuzung im Nirgendwo. Der Schafmarkt dort genießt hohes Ansehen (oben und rechts unten).

In Irland, wird gerne kolportiert, leben doppelt so viele Schafe wie Menschen. Das mag so sein. Ob es nun tatsächlich aber acht, elf oder nur sieben Millionen Blöker sind, weiß wahrscheinlich nicht einmal die EU ganz genau. Nachdem die auf die reine Anzahl an Schafsköpfen abgestellte Subventionspolitik reformiert wurde in Richtung Biotoppflege, braucht auch keiner mehr die Herden zwischen Nordirland und der Republik hin und her zu treiben, um am Zähltag auf eine erträgliche Summe zu kommen. Dennoch hat es mit dem Schaftourismus kein Ende, meint man jedenfalls Ende Oktober, wenn man sich in der schönen Gegend von Maam Cross aufhält. Schafe aus Richtung Norden von den Maamturk Mountains und dem Joyce County, Schafe aus dem Osten von den grünen Ufern des Lough Corrib, Schafe aus dem südlichen Glencoh, Schafe aus dem Westen aus der Gegend von Clifden, Schafe, wohin das Auge blickt. Während der Maam Cross Fair versammelt sich hier alles, was in der Schafzucht Rang und Namen hat. Aber keine Sorge, auch Enten, Hühner, Hasen und die edlen Connemara-Ponys finden hier ihren Käufer. EU-Beamte wurden noch nicht gesichtet.
www.connemaraireland.com/maam

Der General und die Gärten

Die Mitglieder von Castles & Gardens of Ireland legen großen Wert auf die wichtigsten zwei Komponenten, die ein Anwesen zur Heimat machen: ein geschmackvoll eingerichtetes Haus und sorgfältig gestaltete Gärten. »Cashel House« liegt im Herzen von Connemara und ist solch ein gelungenes Schmuckstück. Hier fällt es schwer, sich zu entscheiden, ob man sich lieber in den weitläufigen Gärten mit den drei Wasserläufen oder in dem dezent mit historischem Mobiliar ausgestatteten Herrenhaus aufhält. General Charles de Gaulle und seine Gattin haben im Mai 1969 dafür zwei Wochen gebraucht, als sie in »Cashel House« ihren Urlaub verbrachten.

HOTELEMPFEHLUNG: »Cashel House Hotel«, Cashel, Connemara, County Galway, Tel. (095) 31001
www.cashel-house-hotel.com

31 Killary Harbour

Der Fjord, das Feld und die Bar

Stolze 15 Kilometer lang ist der Meeresarm, 600 Meter breit und über 45 Meter tief, Irlands einziger Fjord Killary Harbour kann sich wahrlich sehen lassen. Zwar streiten sich die Gelehrten, ob die tatsächlich wie ein Fjord aussehende Landschaft nun wirklich einer ist, doch ob von Gletschern der letzten Eiszeit geprägt oder nicht, interessiert im verträumten Dorf Leenane zwischen Mount Mweelrea, Devil's Mother und den Maamturk Mountains keinen. Auf beiden Seiten des Fjords gibt es wunderbare Wanderwege, von denen aus man auf die zahlreichen Muschelbänke hinabschaut, die heute eine der Haupteinnahmequellen der Fischer darstellen. In Leenane wurde 1989 der berühmte Film »The Field« mit Richard Harris als Farmer Bull McCabe in der Hauptrolle, in der Regie von Jim Sheridan, gedreht. In »Gaynor's The Field Pub« traf sich damals die ganze Filmmeute, und selbst wenn man den ersten Pint noch nicht geleert hat: Wer Brendan Gaynor hinter dem Zapfhahn stehen sieht, meint den leibhaftigen Richard Harris vor sich zu haben. Ein bisschen stolz ist Brendan auf seinen weißen Bart, den sie für die Hauptbesetzung doch glatt übernommen haben. Außerdem kann er so manche Geschichte erzählen von damals, als das mit dem Dreh losging. Und: Auf seine Wetterprognosen können die Wanderer sich verlassen, beim Barte des Propheten.

»Gaynor's The Field Bar«, Leenane, County Galway, Tel. (095) 42261

Abchillen im Abenteuercamp

Auch in Irland werden Aktivferien immer beliebter. Von der Jugendgruppe im Sommercamp bis zu den Best Agern, die beim Kanufahren ihren Gleichgewichtssinn trainieren: Sportliche Aktivitäten liegen im Trend. Nur drei Kilometer hinter Leenane liegt das Killary Adventure Centre, ein Abenteuerkomplex, der vom Hochseilgarten über alle Formen des Wassersports bis zu geführten Wanderungen den verschiedenen Altersgruppen entsprechende Pakete anbietet. Auch Übernachtungsmöglichkeiten zu moderaten Preisen im Stil einer modernen Jugendherberge gibt es, Oldies sind ausdrücklich willkommen.

HOTELEMPFEHLUNG: »The Leenane Hotel«, Connemara, County Galway, Tel. (095) 42249, www.leenanehotel.com

Killary Harbour gilt als Irlands einziger Fjord, große Rhododendren-Felder verbreiten südländisches Flair mit nordländischem Akzent (links). Neben der Muschelzucht werden hier viele Schalentiere gefangen (Mitte und unten).

Der Leuchtturm von Clare Island thront auf den Klippen, im Hintergrund taucht Achill Island aus den Fluten auf (Mitte und unten). Das Grab der berüchtigten Piratin Grace O'Malley (rechte Seite oben) und der trutzige Wehrturm (rechte Seite unten) werden der »kahlköpfigen Grazie« zugeschrieben, die an der Westküste ihr (Un-)wesen trieb.

32 Clare Island

Heimat der Alpenkrähen

Am Eingang zur Clew Bay liegt Clare Island, die größte der bewohnten Inseln vor Westport. Sie hat mit Mount Knockmore die höchste Erhebung zu bieten, aber auch einige Sandstrände, an denen man im Sommer relativ gefahrlos in die Fluten steigen kann. Zudem ist sie ein Rückzugsgebiet der seltenen Alpenkrähen.

Auf der 16 Quadratkilometer großen und fünf Kilometer vom Festland entfernten Insel Clare Island leben heute etwa 130 Menschen, selbst eine Schulklasse gibt es noch. Die Insel ist seit 5000 Jahren bewohnt, entsprechend übersät ist sie auch mit 45 »fulachta fiadh«, Kochstellen aus der Bronzezeit, Menhiren, Forts und archaischen Feldersystemen, deren Überreste einem heute noch auf jeder Wanderung über die Insel begegnen. Genauso wie man auf Clare Island die einst von Afghanistan bis Westeuropa weit verbreitete Alpenkrähe *Pyrrhocorax pyrrhocorax* beobachten kann, eine bedrohte Singvogelart aus der Familie der Rabenvögel, von der es im Alpenraum gerade noch 40 Brutpaare gibt. Mit ihren langen roten Schnäbeln und Krallen durchstöbern sie die felsigen Klippen von Clare Island und finden hier offenbar genug Würmer, Insekten und Schnecken, um sich heimisch zu fühlen. So heimisch, wie es Grace O'Malley auf Clare Island war. Die gefürchtete Piratenkönigin hatte hier ihren Stützpunkt und überfiel jeden, der unvorsichtig genug war, sich den Gewässern der irischen Westküste zu nähern.

Mittelalterliche Wandmalereien

Einer der schönsten Plätze auf der Insel ist Clare Abbey, eine Zisterzienserabtei aus dem 15. Jahrhundert. Unter der Grabplatte mit der Inschrift »Invincible on land and on sea« – Unbesiegbar zu Wasser und zu Lande – soll Grace O'Malley begraben liegen, die sagenumwobene Freibeuterin, beerdigt im Kloster. Die spätgotische Kirche wurde in den letzten Jahren aufwendig restauriert, meisterhaft vor allem auch die Rettung der mittelalterlichen Fresken auf Gewölben und Wänden der Apsis, die zu den besterhaltenen und kunstgeschichtlich bedeutendsten Schätzen Irlands gehören. Man ist überrascht von der Vielfalt der Farben und Darstellungen. So findet man Spiegelbilder des gesellschaftlichen Lebens mit Jagdszenen, Rittern in Kettenhemden und Reitern hoch zu Ross genauso wie biblische Szenen, mystische Drachengestalten und Harfenspieler,

Fischer und Bogenschützen. Eine Piratenkönigin ist allerdings nicht auszumachen.

Wandern am Knockmore Mountain

Clare Island ist ein unberührtes Urlaubsparadies geblieben. Jede Form von Massentourismus hat hier wenig Chancen, denn außer dem »Bay View Hotel« und »O'Grady's Guesthouse« gibt es nur einige wenige Bed&Breakfast-Unterkünfte, dafür aber umso mehr unberührte Natur, die herrliche Spaziergänge und Wanderungen bietet. Dabei dreht sich fast alles um den 461 Meter hohen Mount Knockmore, den man von allen Seiten aus erwandern kann und dabei immer neue faszinierende Panoramablicke erlebt, die sprachlos machen. Ob hinüber zum Croagh Patrick, nach Achill Island oder Inishturk, wahrscheinlich waren alle Schiffe hier so mit dem Be-staunen der wildromantischen Bilderbuchlandschaft beschäftigt, dass sie den Angriff der wilden Grace erst viel zu spät bemerkt haben. Diese soll übrigens wenig Rücksicht darauf genommen haben, welche Nation da gerade vorbeischipperte, die Hauptsache war reichlich Beute. Einzig der englischen Königin Elisabeth I. musste sie sich geschlagen geben, als sie 1593 nach London reiste, um ihren Sohn aus der Gefangenschaft zu erlösen. Von da an durfte sie als Gegenleistung keine englischen Schiffe mehr kapern.

KAHLKÖPFIGE GRAZIE

Der Reichtum an Geschichten zu »Bald Grace«, zur kahlköpfigen Schönheit, wie Grace O'Malley (1530–1603) bereits in ihrer Kindheit getauft wurde, ist so groß wie die Anzahl der Schafe, die auf Clare grasen. Den Spitznamen bekam sie, weil sie sich als kleines Mädchen die Haare abschnitt, um auf dem Schiff ihres Vaters zeigen zu können, dass sie besser navigieren konnte als ihre Brüder. Als Tochter wäre sie nicht auf das Boot gelassen worden. Keine andere Frau wird von den Iren noch heute so verehrt wie die »Pirate Queen«. Wenig graziös ging sie allerdings nicht nur mit ihren Opfern um, auch ihre Ehegatten mussten vor ihr auf der Hut sein. Ihren zweiten Mann, jagte sie schon nach dem ersten Jahr zum Teufel. Das erlaubte ihr das damalige keltische Recht. Die Ländereien durfte sie trotzdem behalten. Mit 20 Schiffen und 6000 Mann Besatzung beherrschte sie den größten Teil der irischen Westküste. BESICHTIGUNGSEMPFEHLUNG: Granuaile Visitor Centre, Louisburgh, County Mayo, Tel. (098) 25711, www.louisburgh.com

WEITERE INFORMATIONEN ZU CLARE ISLAND

Clare Island Tourism Committee, Community Centre, Tel. (098) 26525, www.clareisland.info, www.omalleyferries.com, www.clareislandferry.com

Iren sind gläubige Menschen, eine Wallfahrt mit oder ohne Esel (Mitte) auf den Croagh Patrick im Sommer (unten) oder auch zu jeder anderen Jahreszeit (rechte Seite unten) gehört zum religiösen Leben Irlands einfach dazu. Der heilige Patrick wacht über das Glück seiner Schäfchen (rechte Seite oben).

33 Croagh Patrick mit Wallfahrt

Irlands heiliger Berg

Er steht so erhaben in der Landschaft, einen ehrfurchtsvolleren Platz am Meer hätte man für den Wallfahrtsort Nummer eins in Irland kaum finden können. Der 765 Meter hohe Croagh Patrick, der manchem wie ein Vulkan erscheint, steht stolz und stumm und majestätisch da und nimmt das jährliche Pilgerwochenende gelassen hin.

Es gibt einige Berge im Westen Irlands, die wie der Croagh Patrick aus präkambrischem Quarzit bestehen, aber keiner, weder der Errigal in Donegal noch der Slievemore auf Achill Island weisen eine so vollkommene Kegelform auf wie der heilige Berg der Iren. Bei Sonnenschein reflektiert er das Licht nach allen Seiten, dann geht von ihm eine magische Kraft aus, die viele Gläubige noch mehr mit dem einst hier ansässigen keltischen Sonnengott Lugh in Verbindung bringen als mit dem Ergebnis geothermischer Prozesse.

Die Legende

Der Überlieferung nach verbrachte Patrick im Jahr 441 hier oben auf dem Berg über 40 Tage und Nächte fastend, bedrängt von bösen Geistern, doch er schlug sie alle in die Flucht. Nur ein Ungeheuer in Schlangengestalt, Caoranach, widerstand ihm, bis der heilige Patrick einen Fluch aussprach und von jenem Tag an alle Schlangen aus Irland verschwunden waren. Der Pfad zum Gipfel ist noch heute genau jener, den die heidnischen Könige von Connaught auf den Gipfel hinaufpilgerten. Die meisten Pilger starten am »Campbell's Pub« in Murrisk den dreistündigen Anstieg, die größten Büßer aber beginnen schon am Patrick's Causeway in der 40 Kilometer entfernten Ballintubber Abbey und klettern den steilen Abhang, »The Reek« genannt, barfuß hinauf.

Der Pilgerweg

Die Füße schmerzen, die Knie sind wund gescheuert, der Atem stockt im kalt beißenden Nebel, doch mit gefalteten Händen und festem Willen im Blick nach vorne gibt keiner auf. Zu Tausenden quälen sich die Pilger am letzten Sonntag im Juli, darunter erstaunlich viele junge Leute und mancher auf Knien, hinauf zum Gipfel. »Mit den Knien beten« nennen das die gläubigen Pilger, die dann, am Gipfel angekommen, siebenmal im Uhrzeigersinn die Steinmale im Lauf der Sonne umrunden. »Christus vor mir, Christus über mir, Christus neben mir«, lautet dabei ihr geflüstertes Gebet. Archaischer Glaube,

keltisch-heidnische Tradition und tiefe Demut, eine in unserer Zeit immer weniger anzutreffende Geisteshaltung, gehen hier am Croagh Patrick eine faszinierende Symbiose ein.

Steinreihe nach Caher

Aber es gibt ganz in der Nähe noch einen weiteren mystischen Ort, der mit dem Croagh Patrick, der alten Kirche von Kilgeever und der Insel Caher in Verbindung gebracht wird. Am Strand von Sruhir, etwas nordwestlich von Killadoon, trifft man auf eine Reihe einzelner Steinkolosse, die exakt auf die Linie zwischen dem Berg und der Insel ausgerichtet sind. Das nur drei Kilometer östlich von Louisburgh gelegene Kilgeever weist noch eine weitere magische Stätte auf: die heilige Quelle Tobar na Ri, was so viel bedeutet wie »Quelle des Königs«. Und auch der Name Caher Island passt ins Bild, der gälische Name Cathair na Naomh bedeutet übertragen »Stadt der Heiligen«. Auf der seit über einhundert Jahren unbewohnten Insel gibt es Reste eines frühchristlichen Klosters mit Mönchsklausen aus dem 7. Jahrhundert. Ein Grabstein in der Nähe trägt die Inschrift »Leaba Padraig«, das bedeutet »Patricks Bett«. Neben dem ehemaligen Kloster beginnt der Überlieferung nach die »Straße der Heiligen«, die von der Insel über das Meer zum Croagh Patrick führt. Auch Caher ist seit ewigen Zeiten ein Wallfahrtsort, der immer Mitte August angesteuert wird. Damit wird seit jeher die große Pilgerreise zum Croagh Patrick abgeschlossen. Setzt aber ein neuzeitlicher Pilger den Fuß auf Caher Island, sollte er kein Erinnerungssteinchen mitnehmen, sonst wird er der Legende nach von ewigem Unglück verfolgt.

WALLFAHRTSORTE UND HEILIGE BRUNNEN

Kein anderes Land in Europa hat einen so starken Volksglauben und so viele heilige Stätten wie Irland. An die 3000 heilige Brunnen werden gezählt, nicht nur die berühmtesten unter ihnen sind ausgeschildert und werden regelmäßig besucht. St. Declan's Well in Armore, ein Brunnen bei Tobernalt am Lough Gill im County Sligo, die heilige Quelle Tobar na mBan Naoimh oberhalb des Hafens von Teelin, St. Brigid's Well in Kildare, Colmkille's Well in Glencolumbkille, die Reihe lässt sich problemlos fortsetzen. Gemeinsam haben sie alle eines: Sie gehören zum Leben der Iren dazu, unabhängig davon, wie gläubig man nun ist. Irland wurde ab dem 5. Jahrhundert christianisiert, seit dem 12. Jahrhundert ist eine noch heute bedeutende Pilgerfahrt zum St. Patrick's Purgatory mitten im Lough Derg belegt. Auch hier kämpfte der heilige Patrick der Überlieferung nach mit dem Teufel, noch heute zieht es im Sommer Tausende Gläubige zum Station Island, um hier drei Tage mit Fasten, Beten und Nachtwachen zu verbringen. www.loughderg.org

WEITERE INFORMATIONEN ZUM CROAGH PATRICK

Croagh Patrick Information Centre, Murrisk, County Mayo, Tel. (098) 64114, www.croagh-patrick.com

Rockfleet Castle war der Alterssitz der Grace O'Malley (Mitte), zwischen den zahlreichen Inseln der Clew Bay konnte die Piratenbraut sich gut verstecken (unten). Newport House (rechte Seite oben) glänzt mit Komfort. Ein Sonnenuntergang an der Clew Bay verführt zum Träumen (rechte Seite unten).

34 Clew Bay

Inseln über Inseln

Neben Clare Island, das wie ein Schutzpatron am Eingang zur Clew Bay liegt, hat diese Bucht vor Westport noch eine ganze Menge mehr Inseln und Inselchen zu bieten. Auf ihrer geschützten Seite, zwischen all den Felsen im Wasser, fühlen sich die Fische genauso wohl wie ihre Jäger. Clew Bay ist ein Angelparadies wie kein zweites.

Mit dem Inselzählen ist das so eine Sache, besonders wenn man auf einer lebt. Wo fängt man da an und wo hört der Spaß auf? Gibt es weltweit anerkannte Kriterien, ab welcher Größe ein Stück Land im Wasser als Insel gilt, eine Inselnorm sozusagen?

Inseln zählen

Für jeden Tag im Jahr eine Insel, kein schlechtes Motto für Tourismusstrategen. Man muss sich ja etwas einfallen lassen, um Gäste herbeizuholen. Eine Haltung nebenbei bemerkt, die das County Mayo eigentlich gar nicht nötig hat. An Kunst- und Kulturdenkmälern hat man hier zwar etwas weniger zu bieten als in anderen Regionen Irlands. Dafür locken aber Berge und Moore zum Wandern, Strände und kleine gemütliche Dörfer zum Entspannen und die Clew Bay zum Angeln, Kanu- und Kajakfahren, und das alles garniert mit etwas, das in unserer hektischen Welt selten geworden ist: Einsamkeit. Wer also Stille, sich selbst und ein paar kleine Inseln, zwischen denen die Fische hin und her springen, aushalten kann, der ist an der Clew Bay genau richtig. Wie viele Tage hat also das Jahr? Richtig, auch hier im dünn besiedelten Mayo sind es 365, die meisten (Inseln) davon natürlich unbewohnt. An dieser Stelle sei erwähnt, dass es noch immer einige Iren geben soll, die Mayo für eine Art Ostfriesland halten. Mit eigenbrötlerischen Bauern, die in endlosen Fels-, Moor- und Steinwüsten dem Land ihren Lebensunterhalt abzuringen versuchen. Aber keine Sorge, jede Nation hat eben ihre Appenzeller, und in Mayo können sie durchaus, vielleicht ein bisschen behutsamer, dafür umso genauer, bis 365 zählen. Denn die mit kleinen Inseln übersäte Clew Bay wird auch ein wenig stolz »Bucht der 365 Inseln« genannt, und das, bitteschön, muss schon durchgezählt sein.

Buchtengeschichten aufstöbern

Ob es letztlich vielleicht und sicher unbeabsichtigt doch ein paar mehr sein könnten, darüber streiten sich die Gelehrten und selbst im Clew Bay Heri-

tage Centre in Westport gibt es dazu keine ultimative Auskunft. Dafür aber in der hübsch restaurierten Lagerhalle am Hafen so ziemlich alles, was zur Heimatgeschichte der Clew Bay gehört. Von der vorchristlichen Zeit bis zur Gegenwart erzählt uns das Museum Geschichten von Helden, Heldinnen und Traditionen an der Clew Bay, vom Fischfang, der großen Hungersnot, von Maude Gonne und Grace O'Malley, von Westport House und Rockfleet Castle.

Insel besuchen

Auch Caher Island und Inishturk kann man ruhigen Gewissens zu den Inseln der Clew Bay zählen, auch wenn sie ein paar Kilometer weiter draußen liegen. Auf Inishturk, das abseits der Touristenpfade vor sich hindämmert, leben immer noch 70 Menschen, die sich über jeden Besucher ganz persönlich freuen. Es gibt eine Fährverbindung ab dem Roonagh Quay bei Louisburgh und von Cleggan aus im Sommer sogar täglich. Vor einigen Jahren wollte eine Minengesellschaft, die hier Gold entdeckt hatte, die Inseln den Bewohnern für unzählige Millionen abkaufen, doch man lehnte dankend ab. Auch so schützt man auf Inishturk die Flora und Fauna, darunter übrigens eine äußerst seltene, vom Aussterben bedrohte Gefleckte Felsrose. Auch zwei wunderbare, einsame Sandstrände auf Inishturk haben es verdient, besucht zu werden. Wandern, Fischen, Tauchen, Seevögelkolonien beobachten und Geschichten erzählen im Community Centre, was will man mehr. Ach ja, weiterzählen: 366, 367 … aber Vorsicht, nicht schummeln, man könnte einen Einheimischen treffen, der die genaue Zahl kennt.

BESCHAULICH ELEGANTES NEWPORT

Alle Welt redet von Westport, dem Puppenstuben-Village an der Mündung des Carrowbeg. Okay, Charme ist vorhanden, genügend Pubs und Übernachtungsmöglichkeiten ebenso, auch beim Essen hat man die Auswahl. Doch es gibt noch solch ein Schmuckkästchen an der Clew Bay, zwar zehnmal kleiner, aber doch mit seinen 530 Einwohnern ein beliebter Ort für Angler und Wanderer, die in dieser Gegend beste Vorraussetzungen für ihr Hobby finden. Über das am Abend schön beleuchtete Viadukt mit seinen sieben Bögen schnaufte ab 1892 die Eisenbahn von Westport nach Achill Island. Leider wurde die Bahnlinie 1932 stillgelegt. Heute beginnt an der Brücke der rund 50 Kilometer lange Bangor Trail, eine Wanderstrecke durch die Nephin-Beg-Mountains. Die Attraktion in Newport ist aber das »Newport House«, eines der wenigen noch vorhandenen typisch irischen Landhotels mit großem Park und frei zugänglichen Gartenanlagen. Die Küche mit frischen Meeresfrüchten genießt einen legendären Ruf. www.newporthouse.ie

WEITERE INFORMATIONEN ZUR CLEW BAY

Clew Bay Heritage Centre, The Quay, Westport, Tel. (098) 26852, www.museumsofmayo.com

Legendärer Pub »Matt Molloy's«, Live-Musik fehlt hier nie (Mitte). Die bunten Boote vor Westport House laden zum Rudern ein (unten).

35 Westport

Kleine Stadt mit großem Auftritt

In den Sommermonaten wird es recht lebhaft in einer der farbenfrohsten und gemütlichsten Städte Irlands. Westport, die rund 5000 Einwohner zählende Stadt vor der mit Hunderten Inseln gesprenkelten Clew Bay im Nordwesten, ist eine typische »Plantation Town«, das schönste Beispiel für eine durchkomponierte gregorianische Architektur, die sich der anglo-irische Landadel des 18. Jahrhunderts anlegen ließ. Shopping Malls in den muntersten Farben, ein idyllischer Spazierweg am Carrowbeg River und viele gute Restaurants und Pubs bilden den attraktiven Stadtkern. Vom Architekten James Wyatt für John Browne, den Earl of Altamont, entworfen, wuchs der Ort schnell auf 8000 Bewohner an, nachdem man Leinenweber aus Ulster anwarb, um sich hier an der Westküste eine neue Existenz aufzubauen. Die große Hungersnot und die aufkommenden Baumwollmanufakturen reduzierten Westport wieder auf ein verträgliches Maß, auch wenn der malerische Ort an Wochenenden während der Sommermonate gelegentlich von einem sich austobenden Partyvölkchen überfallen wird. Spätestens am Montag kehrt dann wieder Ruhe ein im »Matt Molloy's Pub« in der Bridge Street, man ist wieder unter sich und hat vielleicht das Glück, Matt, Bandmitglied der berühmten irischen Folkgruppe The Chieftains, und ein paar seiner Freunden bei einer spontanen Session im Garten des Pubs zuhören zu können. www.mattmolloy.com

Westport House – Porträts plus Piratenkerker

Ein würdevolles Herrenhaus von 1730, idyllisch am Carrowbeg River und dem Westport Lake gelegen, herumtollende Schülergruppen, festliche Hochzeitsveranstaltungen, Film-Location, Caravan- und Campingpark, Familien-Abenteuerpark, Bimmelbähnchen und »Gracy's Bar«, dazu Hochkultur in den Ausstellungsräumen des Landsitzes, geht das zusammen? Offensichtlich doch, denn der von den damaligen Stararchitekten Richard Cassels und James Wyatt erbaute noble Landsitz Westport House hat sich heute zwar dem bunten Treiben eines allgegenwärtigen Marketings und Merchandising ergeben, dies aber ohne seinen Bildungsanspruch gänzlich zu verlieren. So hängen denn Meisterwerke der Porträtkunst über einem Piratenkerker, was gar nicht so weit hergeholt ist: Die heutige Besitzerfamilie Browne kann ihren Stammbaum bis zu Grace O'Malley zurückverfolgen, der berühmten Piratenkönigin. www.westporthouse.ie

WEITERE INFORMATIONEN ZU WESTPORT:
Tourist Information, James Street, Westport, County Mayo, Tel. (098) 25711, www.westporttourism.com

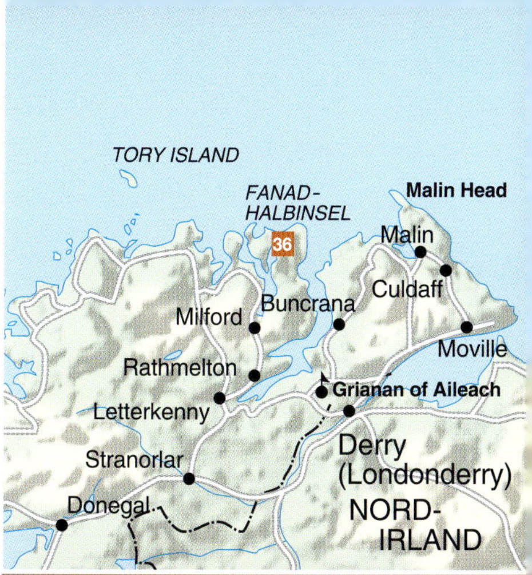

36 Fanad-Halbinsel

Malerisches Rathmullan und Traumstrand Portsalon

Die Nordwestküste Donegals ist so reich an zauberhaften Buchten und verträumten Halbinseln, dass einem die Wahl schwerfällt, wo man sich länger aufhalten soll. Beinahe noch ein Geheimtipp ist die Fanad-Halbinsel zwischen Lough Swilly im Osten und Mulroy Bay im Westen, der angesehene »Observer« nannte den Strand von Portsalon an der Ballymakstocker Bay einmal den zweitschönsten Strand der Welt. Nicht zuletzt, weil man hier auch gefahrlos schwimmen kann, was nicht überall an den wilden Küsten Irlands möglich ist. Der Ort hat darüber hinaus auch einen landschaftlich reizvoll gelegenen Golfplatz und mit den Ballydahen Gardens eine sehenswerte Gartenanlage im asiatischen Stil, von der man auch den einzigen Landzugang zu den Seven Arches hat, einem 90 Meter langen Felsklippentunnel mit dem großen Bogen von Doagh Beg. Im Kontrast zu den spektakulären Küsten an der Ostseite wachsen auf der Westseite üppige Wälder, auf den Flächen dazwischen findet man Weideland und Hochmoore. Auch im reizvollen kleinen Ort Rathmullan scheint die Zeit stillzustehen, die Rathmullan-Abtei, ein Karmeliterkloster aus dem frühen 16. Jahrhundert ist vom wilden Wein derart umrankt, dass man ihre Umrisse bald nicht mehr ausmachen kann. Rathmullan hat in Irland außerdem den Ruf, die besten Saatkartoffeln des Landes zu besitzen, im eleganten »Rathmullan House« kann man sich auch dazu eine eigene Meinung bilden, gibt es doch neben frischem Seafood auch eine ganze Reihe traditioneller irischer Kartoffelgerichte.
www.rathmullanhouse.com

Die Flucht der Grafen

Im Rathmullan Heritage Centre in der alten Hafenfestung erfährt man in der großen Ausstellung »Flight of the Earls« alles über die Familiengeschichte des O'Donnell- und O'Neill-Clans. Im Jahr 1607 waren Hugh O'Neill und Rory O'Donnell es nach über 15 Jahren überdrüssig, weiter die Engländer zu bekämpfen. Sie nahmen ihre Familien mit ins Boot und flohen von Rathmullan aus nach Spanien. Das als »Flucht der Earls« überlieferte Ereignis führte zur Konfiszierung ihrer Ländereien auf der Fanad-Halbinsel, die dann im Rahmen der »Plantation of Ulster« mit britischen Siedlern besetzt wurden.
www.flightoftheearls.ie

Michael genießt den Tag vor seinem Cottage auf der Fanad-Halbinsel (links unten), wozu sollte man sich auch aufregen. Sowohl am Morgen (Mitte) wie am Abend gibt es am Fanad Head und seinem Leuchtturm (unten) wunderbare Wolkenformationen und romantische Stimmungen.

Auch Achill Island strahlt zur Rhododendren-Blüte (Mitte), im Valleyhouse im Nordwesten der Insel kann man im einstigen Jagdhaus des Earl of Cavan günstig übernachten (unten). Heinrich Böll war hier häufiger Gast. Der Atlantic Drive macht seinem Namen alle Ehre (rechte Seite oben und unten), die Gischt schießt schon mal übers Autodach.

37 Achill Island

Pirate Queen und Dichterkönig

An Heinrich Böll kommt auf Achill Island keiner vorbei. Das Haus in Doogort, in dem der Literaturnobelpreisträger sein »Irisches Tagebuch« schrieb, ist zum Mekka deutscher Kulturreisender geworden und hat Achill Island so bekannt gemacht wie keine Marketingstrategie es je vermocht hätte. Die Insel ist aber auch ohne das Tagebuch und Hochglanzbroschüren im Rucksack eine Reise wert.

Achill Island ist Irlands größte Insel, 20 Kilometer lang und 19 Kilometer breit, 3000 Menschen leben auf Achill Island. In den Sommermonaten wächst die Bevölkerung um ein Vielfaches an, denn die Insel hat sich inzwischen zu einem weitgehend noch unberührten Naturparadies mit einer angemessenen touristischen Infrastruktur entwickelt.

Panoramafahrt Atlantic Drive

Die gesamte Länge der Küstenlinie beträgt rund 130 Kilometer, große Teile davon sind nur zu Fuß zu erreichen, beeindruckende Aussichten hat man aber auch auf der Panoramastraße des Atlantic Drive. Die Strecke führt von Achill Sound aus zunächst nach Süden zum Ort Cloghmore, an dessen Südspitze der Wehrturm Kildavnet Castle über die Buchtzufahrt wacht. Der gehörte natürlich Grace O'Malley, der gefürchteten Piratenkönigin. Weiter geht es in Richtung Nordwesten nach Dooega und ins charmante kleine Keel, mit seinem kilometerlangen Strand, an den sich die Minaun Cliffs anschließen. Über Dooagh erreicht man dann die Keem Bay am Westende der Insel und wähnt sich am Ende der Welt. Mächtige Klippen umrahmen die Bucht, Seevögel ziehen gemächlich ihre Bahnen über der Bucht, kein Laut, kein Mensch, kein Getöse. Einst fingen die Fischer hier in der Bucht Haie, heute strahlt Keem Bay nur noch Ruhe und Weltabgewandtheit aus. Über Doogort – das »Heinrich Böll Cottage« ist zum Gästehaus für internationale Künstler geworden – The Valley und Bunacurry geht es wieder zurück durch eine herbe Moor- und Heidelandschaft nach Achill Sound.

Wandern im Keem Valley

Das Auto stehen lassen für eine Wanderung ist auf der ganzen Insel kein Problem, überall gibt es genügend Pfade und Wege durch die urwüchsige Landschaft. Eine besonders schöne Strecke, geeignet sowohl für Wanderenthusiasten wie für Anfänger, ist der Keem Valley Walk. Vom Parkplatz am Keem Beach

aus wendet sich der Weg nach Westen in einer ersten Steigung, für deren nicht ganz einfache Bewältigung man aber oben auf den Klippen mit einer wunderbaren Weitsicht belohnt wird. Zu Füßen der Wanderer liegt nun die Bucht, weiter im Westen streckt mit Achill Head die äußerste Spitze der Insel ihre Landzunge in den Atlantik, und im Norden erscheinen die Berggipfel des Croaghaun, Slievemore und die Klippen von Minaun. Am Moyteoge Head können Interessierte 200 Meter über dem Meer ein altes Küstenwache-Haus besichtigen, bevor man sich wieder Richtung Nordosten wendet, den Klippen folgt und bei Bunowna einen kleinen Fluss überquert, um dem Tallauf auf 250 Metern Höhe am Hang zu folgen. Dem Flusslauf folgend erreicht man nach drei Stunden wieder den Ausgangspunkt dieser wunderbaren Wanderstrecke, die immer wieder mit abwechslungsreichen Landschaftspanoramen überrascht.

Verlassenes Dorf am Slievemore

Wie hart das Kleben zuweilen auch auf Achill Island war, kann man am Fuße des Slievemore Mountains an der Nordküste erfahren. Die verlassenen Überreste eines Dorfes, »Deserted Village« genannt, von etwa 80 Häusern, die parallel zueinander angeordnet sind, ergeben eine gespenstische Szene und machen betroffen. Bis ins 19. Jahrhundert lebte hier ein Teil der Bewohner ständig im Dorf, während die anderen mit den Viehherden über die Insel zogen. Als 1845 die große Hungersnot ausbrach, wurden die Menschen gezwungen, direkt ans Meer zu ziehen, um dort mit dem Fischfang überleben zu können. So wird das Slievemore Deserted Village Jahr für Jahr immer mehr von Wind und Wetter abgetragen, doch verlassen ist es nicht mehr. Durch die eindrucksvolle Schilderung des Dorfes in Heinrich Bölls Tagebuch werden inzwischen Tausende Besucher jedes Jahr hierhergelockt.

TOTENZUG GREAT WESTERN

Der ehemalige Bahnhof von Achill Sound, dem Ort an der Brücke zum Festland, beherbergt heute ein einfaches Hotel. Die Eisenbahnlinie von Westport nach Achill Island stand allerdings unter keinem guten Stern. Im Jahr 1894 wurde die Strecke der Great Western Railway Westport – Newport bis Achill Sound verlängert, ein großes Ereignis für die Insel, aber auch ein trauriges, denn es sollte sich eine alte Prophezeiung bewahrheiten. Der Dichter und Prophet Brian Rua O'Cearbhain hatte im 17. Jahrhundert eine Vision, dass »Karren mit Eisenrädern« Leichname auf ihrer ersten und letzten Reise nach Achill Sound transportieren würden. Und tatsächlich, der erste Zug im Jahr 1894 auf dieser Strecke hatte 32 ertrunkene Männer an Bord, deren Boot in der Clew Bay gekentert war. Und 43 Jahre später, die Bahnlinie war längst stillgelegt, wurde sie ein allerletztes Mal in Betrieb genommen. Zehn Wanderarbeiter, die im schottischen Kirkintilloch Kartoffeln ernteten und bei einem Großbrand in ihren Hütten umkamen, wurden im Beerdigungszug zurück nach Achill Island gebracht.

WEITERE INFORMATIONEN ZU ACHILL ISLAND

Achill Tourism, Cashel, Achill Island, County Mayo, Tel. (098) 47353, www.achilltourism.com

Ob auf dem Weg zum Leuchtturm am Blacksod Point (Mitte) oder auf einer typischen irischen Landstraße (unten), Rücksichtnahme im Straßenverkehr gehört zum guten Ton. Auf amphibische Landstriche trifft man in der Gegend von Belmullet (rechte Seite unten), Céide Fields (rechte Seite oben) mutet an wie der Landstrich eines anderen Planeten.

38 Belmullet und Mayos Moore

Melancholisches Moorland am Meer

Es gibt an Irlands Westküste einige Inseln und Landstriche, die einem wie das Ende der Welt vorkommen – zumindest der europäischen Welt. Bis man der Mullet-Halbinsel im County Mayo begegnet. Dort haben Sie es tatsächlich gefunden, das Ende und den Anfang von Raum und Zeit.

Auch der Nordwesten Mayos mit seiner Irisch sprechenden Gemeinschaft ist ein Gaeltacht-Gebiet. Die Region ist für ihre melancholischen Landschaften bekannt, Fischerei und Landwirtschaft sind hier die größten Erwerbszweige. Ein idealer Ort, um geräucherten wilden Lachs zu kosten, Spaziergänge über lange Sandstrände und durch einsame Moore zu unternehmen oder auf einem der Fischerboote zum Hochseeangeln hinauszufahren. Zwischen Lough Conn und der Mullet Peninsula scheint es keinen Baum und keinen Strauch zu geben, nur endloses, flaches Moorland, in dem die Sehnsucht nach Ruhe und Frieden zu Hause ist.

Rastplatz der Grönland-Gänse

Im November 1998 wurde östlich des Marktfleckens Ballycroy zwischen Mulranny und Bangor Irlands sechster Nationalpark eröffnet, seit dem Sommer 2009 gibt es auch ein neues Besucherzentrum. Der Ballycroy Nationalpark umfasst 11 000 Hektar Moorland und die Nephin-Beg-Gebirgskette, darunter den 721 Meter hohen Slieve Carr, den höchsten Berg der Region. Dort oben liegen auch die einsamen Bergseen der Scardaun Loughs, durch die Täler schlängelt sich der Owenduff River zum Meer. In eines der letzten intakten, unberührten Moor- und Sumpf-Ökosysteme Europas haben sich seltene Tierarten wie Otter, verschiedene Zugvögel, Grönland-Gänse und botanische Raritäten wie der Moor-Steinbrech zurückgezogen. Kaum vorstellbar, dass ein großer Energieweltkonzern hier in der Nähe die größte Gasraffinerie Europas zu bauen gedenkt, in der das vor der Küste geförderte und mit Pipelines an Land gebrachte Gas weiterverarbeitet werden soll. Daher ist es in der so einsamen, verlassenen Gegend im Nordwesten Mayos auch in letzter Zeit etwas unruhiger geworden, weil sich das die Menschen hier nicht gefallen lassen wollen. Weiter zur Mullet-Halbinsel führt der Weg über Bangor am Owenmore-Fluss, das Dorf ist Ausgangspunkt des unter Wanderern beliebten Bangor Trail, der bis nach Newport führt.

Einsame Mullet-Halbinsel

Am Eingang zur 30 Kilometer langen Halbinsel, die sich wie ein gekrümmter Finger um die Küste legt, wartet Belmullet auf Gäste. Der 900 Einwohner zählende Ort wurde 1715 von Sir Arthur Shaen gegründet. Zur Entwässerung des Moores ließ er einen Kanal anlegen, durch den auch kleine Boote zwischen der Blacksod und der Broadhaven Bay verkehren konnten. Anfang des 19. Jahrhunderts übernahm William Henry Carter einen großen Teil des Landbesitzes. Unter seiner Verwaltung wurde die Straße nach Castelbar angelegt und ein Pier für Schiffe bis 100 Bruttoregistertonnen errichtet. Das gab der Stadtentwicklung natürlich einen Schub, heute diskutiert man auch hier die Auswirkungen des Raffinerieprojekts. Von Belmullet zieht es die Besucher gleich weiter zu den windgeschützten Stränden an der Ostseite der Mullet-Halbinsel. Annagh Bay, Elly Bay und Mullaghroe Beach halten jeden Vergleich mit den Traumstränden der Welt aus, sind dabei so abgeschieden und unberührt, wie man es sich nur wünschen kann. Zudem wandert man hier über eine der ältesten geologischen Formationen Irlands, die weiß- und rosafarbenen Granitfelsen entstanden vor einer Milliarde Jahren. Natürlich gibt es auch hier ein keltisches Fort zu sehen und vom Blacksod Point an der Südspitze der Halbinsel aus kann man Bootsausflüge zu den unbewohnten Inishkea Islands unternehmen. Auf dem Seeweg dorthin begleiten einen dann Robben und Delfine, selbst Wale wurden hier schon gesichtet.

STEINZEIT LEBT IN CÉIDE FIELDS

Ist hier ein Ufo gelandet? Der erste Blick auf das pyramidenförmige Besucherzentrum auf der kleinen Anhöhe lässt solche Gedanken aufkommen, und wer weiß schon, ob hier nicht vor langer Zeit bereits Außerirdische am Werk waren. Inmitten der einsamen, archaischen Moorlandschaften im Norden Mayos breitet sich auf einer Fläche von 15 Quadratkilometern der größte zusammenhängende Steinzeitfundort der Welt aus: Céide Fields. Dabei ist von der Anlage erst ein Bruchteil freigelegt, warten noch weitere Steinhäuser, Grabstätten und Feldumfriedungen darauf, entdeckt zu werden. Auf ein Alter von stolzen 6000 Jahren wird die Anlage datiert, bedeckt von einer Schicht Moorboden, die eine einzigartige Vegetation hat entstehen lassen. In der ausgezeichneten Ausstellung des Besucherzentrums werden das Leben der einst hier lebenden Gemeinschaft deutlich mit hochentwickelten Agrarsystemen, die Entstehung des Moores und die vorzeitlichen Klimaveränderungen erklärt. www.ceidefields.com

WEITERE INFORMATIONEN ZUR MULLET-HALBINSEL

Iorras Domhnann Office, American Street, Belmullet, County Mayo, Tel. (097) 81500, www.mayo-ireland.ie und www.ballycroynationalpark.ie

39 Yeats Country und County Sligo

Yeats, arts and more ...

Die Grafschaft Sligo war für den Literaturnobelpreisträger William Butler Yeats (1865–1939) Seelenheimat und Inspiration zugleich. In Drumcliff wurde er begraben. Auf seinem Grabstein steht: »Cast a cold Eye On Life, on Death. Horseman, pass by.« Übersetzt bedeutet das: »Wirf einen kalten Blick auf Leben und Tod. Reiter, zieh weiter«. Aber bitte nicht, ohne die magische Schönheit im Yeats Country Sligo gesehen zu haben.

»Jetzt haben sie mir mein altes Irland geklaut«, schüttelt Pat aus Chicago den Kopf. Traurig lehnt er am Tresen des »McLynn's« in Sligo, einem jener traditionellen Pubs, in denen der Wirt noch zur Gitarre greift und irische Folksongs schmettert. Warum? Ist doch alles wie immer, das wechselhafte Wetter, das Grün, das Meer, die Seen und Berge, die Jigs und Reels, der Schlabbertoast am Morgen, das Sommersprossenlächeln tagsüber und das dunkle Getränk am Abend. Was also ist verschwunden? Sein Blick ist fast so trübe wie der Pint vor ihm, melancholisch schaut er ins Leere: »Früher konnte man hier im Nordwesten ungestört die Küste entlangziehen, heute bauen sie vierspurige Straßen. Der keltische Tiger hat noch nicht einmal vor den schönen alten, engen Landstraßen haltgemacht. Vor nicht allzu langer Zeit konnte man auf den mit Hecken und Fuchsien gesäumten Wegen noch ein Schwätzchen halten, wenn einer entgegenkam. Heute braust alles vorbei.« Ganz so schlimm ist es in Sligo sicher noch nicht, aber in der Tat, das Straßennetz wird auch im Westen Irlands ausgebaut und verbessert. An manchen Ecken, seien wir ehrlich, war es, Schwätzchenromantik hin oder her, auch an der Zeit.

Vitale Sligo Town

Schon die Lage ist ein Gedicht: Sligo Town, von den zahlreichen Hügeln aus betrachtet, schmiegt sich an die Mündung des Garavogue River wie ein Apfel um seinen Kern, gespeist im Westen vom Atlantik und im Osten vom Lough Gill. Die 20 000-Einwohner-Stadt steht ganz im Zeichen der Yeats-Brüder, rund um die Familie hat sich eine Begeisterung entwickelt, die bei jeder Yeats International Summer School, inzwischen auch bei der Yeats Winter School, und dem Kunstfestival zu Hochform aufläuft. Als Zugpferd für viele weitere Akti-

Vom Berg Knocknarea aus überblickt man die gesamte Bucht von Sligo (linke Seite), bei Ebbe wie bei Flut ein großartiges Panorama. »Hargadon's Pub« in Sligo steht unter Denkmalschutz (Mitte). Zum Denkmal hat es auch William Butler Yeats gebracht (unten). Seine Werke machten ihn unsterblich.

Den Lough Hill kann man zu Fuß umrunden (oben), ein Pint im legendären Pub »Hargadon« ist ein krönender Abschluss (Mitte). Das Drumcliff Hochkreuz ist Rest eines Klosters aus dem 6. Jahrhundert (unten). In dieser Kate bei Gorteen lebte einst Michael Coleman (rechte Seite oben). Kegelförmig erhebt sich der Ben Bulben (rechte Seite unten).

vitäten hat sich Sligo zur heimlichen Kulturhauptstadt an der Westküste etabliert. Dazu tragen auch das äußerst vital erscheinende Stadtbild mit seinen alten Steinbrücken und historischen Gebäuden wie auch die moderne Fußgängerzone, Shoppingtempel aus Glas, unzählige Pubs und Restaurants mit internationalem Ambiente bei. Die Verbindung von Jung und Alt gelingt hier spielend, besonders gut zu sehen an der Model Arts and Niland Gallery. Hinter der ehrwürdigen Fassade des ehemaligen Gerichtsgebäudes taucht ein lichtdurchfluteter Ausstellungsraum auf mit Gemälden von Jack und John Yeats und allen großen zeitgenössischen Malern Irlands. Im Yeats Memorial Building an der Hyde Bridge, im Sligo County Museum, vor der Ulster Bank in Metall gegossen, überall sind William Butler und die Yeats-Familie präsent.

Ruhestätte Drumcliff

Auch wenn der große Dichter die meiste Zeit seines Lebens in Dublin, London und in Europa auf dem Kontinent verbracht hat und in Südfrankreich verstarb, er blieb stets mit Sligo verbunden. Die Familie seiner Mutter war eine alteingesessene Kaufmannsfamilie aus Sligo, sein Großvater war Pfarrer im verträumten Drumcliff, wenige Kilometer nördlich von Sligo Town. Als Kind verbrachte er die Sommermonate in Sligo, die Landschaft mit ihren Hügeln, Seen und Heiden und die darüber hinwegziehenden Wolkenformationen haben sich für immer in seine Gedankenwelt gegraben. So wundert es nicht, dass er sich in seinem Testament ein Grab in Drumcliff, auf dem Friedhof des Opas, gewünscht hat. Heute ein Pilgerort für alle Yeatsianer. Doch er war nicht unumstritten, weil er beiden christlichen Kirchen kritisch gegenüberstand und mehr dem keltischen Erbe und dem Naturglauben der einfachen Bauern vertraute als der modernen Wissenschaft. Doch jedes irische Schulkind kennt Verse wie diese aus »The Wind Among the Reeds«:

»Doch weil ich arm bin, hab ich
nur die Träume;
Die Träume breit ich aus vor
deinen Füßen:
Tritt leicht darauf, du trittst auf
meine Träume.«

Er war Mitbegründer des Irish Literary Theatre und Direktor des Abbey Theatre in Dublin, seine Verdienste um die irische Literatur werden so unsterblich bleiben wie seine Gedichte.

Romantischer Glencar Lake

So gibt es kaum einen Ort in Sligo, der sich nicht in einem seiner Werke wiederfindet. Glencar Lake und seinen Wasserfall hat William Butler Yeats in seinem Gedicht »The Stolen Child« unsterblich gemacht: »Come away, O human child! To the waters and the wild …« Am Kings Mountain öffnet sich das wildromantische Glencar Tal, sanft-grüne Wiesen breiten sich aus, hin zu einem still und bewegungslos daliegenden See. Von umliegenden Bergen stürzen Wasserfälle ins Tal »Where the wandering water gushes From the hills above Glen-Car«, ab und zu ziehen Greifvögel in der Höhe ihre Bahn, die Bäche murmeln, und der Wind raschelt im Laub. Ein mystischer Ort, den Yeats oft besucht hat und sich hier zu neuen Gedichten inspirieren ließ. Genauso wie am Ben-

bulben, dem Tafelberg bei Drumcliff, der an seinen abfallenden Seiten von Bächen durchzogen ist, die wie Tränen von seinem Hochplateau hinabfließen.

Geschichten um Lough Gill

Auf dem Grund des Lough Gill liegt der Legende nach eine versunkene Stadt. Dazu erzählen sich die Einheimischen manche Geschichten, darunter auch solche, mit denen sie die Besucher auf charmant-spitzbübische Art auf den Arm nehmen. Einst soll hier nämlich, versichert uns Sean am Dooney Rock am Südufer des Sees, eine silberne Kirchenglocke von Sligo Abbey versenkt worden sein. Und all jene, die reinen Gewissens und ohne Sünde sind, können sie an so schönen Tagen wie diesem läuten hören. Und, hörst du was? Aber Vorsicht mit der Antwort, wenn du lügst, steigt das Ungeheuer von Lough Gill aus den Fluten und nimmt dich mit in die Tiefe. Schon komisch, irgendwie, dort hinten, ganz leise in der Ferne … das hört sich doch an wie Geläut. Ganz so weit hergeholt ist die Geschichte nicht, denn Sligo Abbey stand unter keinem guten Stern. Im 15. Jahrhundert brannte die Dominikanerabtei erstmals ab, später musste der Altar vor Räubern in Sicherheit gebracht werden, das endgültige Aus kam dann im Jahr 1641, als sie in Brand gesteckt und ihre Steine geplündert wurden. Da kann es schon zutreffen, dass am Boden des verwunschenen Sees eine Glocke liegt.

DER TEUFELSGEIGER AUS GORTEEN

Der Süden Sligos hat eine große Anzahl der besten Musiker Irlands wie zum Beispiel James Morrison und Paddy Killoran hervorgebracht. Einer aber, der allen die Krone aufsetzt, war Michael Coleman (1891–1945). Der größte irische Fiddler aller Zeiten war mit seinem begnadeten Geigenspiel seiner Zeit weit voraus, ein Prophet im eigenen Land, der als »Teufelsgeiger« in die Musikgeschichte Irlands einging. Allerdings musste er nach Amerika auswandern, um von dort seine Auffassung von irischer Musik in Form von Schallplatten, die in den 20er-Jahren in New York aufgenommen wurden, wieder zurück auf die Insel zu bringen. Heute ist das Coleman Music Centre in Gorteen zur Pilgerstätte all jener geworden, die der puren, unverfälschten irischen Musik huldigen. Selbst die heutigen Protagonisten der Irish Folk Music berufen sich auf Michael Coleman. Im Coleman Music Centre gibt es Musik- und Tanzabende und Kurse für alle, die sich den irischen Musiktraditionen nähern wollen. www.colemanirishmusic.com

WEITERE INFORMATIONEN ZU SLIGO

North West Tourism, Temple Street, Sligo, Tel. (071) 9161201, www.sligotourism.ie

Websites: www.irelandnorthwest.ie www.discoversligo.com

Die Steinzeit feiert Auferstehung: Rund um den Lough Arrow (Mitte) liegt mit Carrowkeel eine magische Landschaft (unten), durchzogen von vielen noch unentdeckten Ganggräbern (rechte Seite unten). Auch die Esel fühlen sich hier wohl (rechte Seite oben).

40 Carrowkeel und Sai Donkey Sanctuary

Ruhestätten für Mensch und Tier

Im südlichen Sligo liegt in den Bricklieve Mountains eines der bedeutendsten Megalithgräberfelder Europas: Carrowkeel. Die Entstehung dieses Komplexes wird auf den Zeitraum 3000 bis 2000 vor Christus datiert, der Besiedlungszeitraum dauerte bis etwa 1500 vor Christus. Solch ein Alter erreichen die Esel von Sue Paling nicht, einen angenehmen Lebensabend finden die auf der Insel einst so weit verbreiteten Nutztiere bei ihr trotzdem.

In Sligo findet man immer wieder stumme, steinerne Zeugnisse der Megalithkultur, die 4000 Jahre und älter sind. Manche wurden 1000 Jahre früher errichtet als die Ganggräber in der Boyneschleife. Nahm vom südlichen Sligo aus vielleicht sogar die Megalithkultur in Irland ihren Lauf, liegen hier vielleicht die Wurzeln der mittleren Steinzeit verborgen? Die Wissenschaft kann mit ihren modernen Methoden inzwischen viel Licht ins Dunkel bringen, doch es werden immer Fragen offen bleiben, auf die bisher nur die Mythologie eine Antwort weiß.

ABC der Ganggräber

Schon die Ausgrabungsgeschichte gleicht einem Abenteuer. Die 14 Hügelgräber und die neolithische Siedlung Carrowkeel wurden im Jahr 1911 entdekkt. Man hatte es, warum auch immer, sehr eilig mit der Freilegung, denn sie dauerte nur zwölf Tage. Unmöglich? Nichts ist unmöglich, schon gar nicht in Irland. Man bediente sich nämlich eines durchschlagkräftigen Hilfsmittels: Dynamit. Immerhin machte man sich noch die Mühe, den Gräbern Buchstaben zuzuordnen, die sich bis heute erhalten haben. Zutage trat dabei so allerlei Prähistorisches: Keramikgefäße, Anhänger, Steinperlen und Knochennadeln, die auf eine hoch entwickelte Gesellschaft schließen lassen, die hier siedelte. Die Grabhügel und Kammern haben einen imposanten Durchmesser von bis zu 30 Metern, einige sind bis zu sieben Meter hoch. Sie sind bis auf einen alle rund, weisen aber im Innern unterschiedliche Strukturen auf. Es gibt ähnlich wie in Newgrange kreuzförmige Grundrisse mit einer viereckigen Lichtöffnung über dem Eingang, durch

Die Landschaft um Carrowkeel ist durchsetzt mit Zeugen der Vergangenheit (oben und Mitte). Sue Paling hat hier ein Altersheim für vernachlässigte Esel aufgebaut (unten). Im Sligo Folk Park kann man die landwirtschaftliche Entwicklung nachvollziehen (rechte Seite oben), am Lough Arrow über geschichtsträchtiges Gelände wandern (rechte Seite unten).

den einen Monat vor und nach der Sommersonnenwende das Licht ins Innere fällt. Auch Grab K hat eine astronomische Besonderheit zu bieten: Von hier aus gesehen geht die Sonne zum Frühjahr- und Winteranfang, dem keltischen Imbolc- und Samhainfest, genau über dem im Südwesten liegenden Croagh Patrick unter. In einer Nebenkammer von Grab K hat man auch einen Stein gefunden, der exakt der Form des Croagh Patrick entspricht. Zufall? Wer weiß. Fest steht aber, dass im Mittelalter an diesem prähistorischen Ort ungetauft gestorbene Kinder beerdigt wurden. Ob es diesem Umstand zuzuschreiben ist, dass von Carrowkeel eine so magische Kraft ausgeht, auch das wird noch eine Weile im Nebel der Geschichte verborgen bleiben.

Tor zur Unterwelt: Kesh Corran

Auch um den westlich gelegenen Nachbargipfel Kesh Corran ranken sich die Mythen. Auf der dem Dorf Kesh zugewandten Seite befinden sich mehrere Höhlen, die in der Mythologie als Tor zur Anderswelt gelten. Vom Berg Kesh aus soll die blutrünstige Kriegsgöttin Morrigan in die Schlacht gezogen sein, in einer weiteren Legende soll das Liebesheldenpaar Dermot und Grania nach jahrelanger Flucht endlich Frieden gefunden haben. Und Cormac Mac Art, das Vorbild von König Artus, wurde hier von Wölfen als Kleinkind gesäugt, erzählt eine Sage. Die meisten Geschichten rund um den Kesh Corran aber handeln von den Taten des Helden Fionn Mac Cumhaill und den Männern der Fianna, der die Feen des Berges besiegte. Der Aufstieg zum Gipfel ist recht anstrengend, oben aber wird man mit einer wunderbaren Weitsicht auf Knocknarena, Ben Bulben, Carrowkeel und die Ox Mountains belohnt. Hier oben hat man das Gefühl, zwischen Raum und Zeit, Himmel und Hölle zu schweben und die Stimmen der anderen Welt zu hören und zu spüren. Ganz in der Nähe von Cross bei Kesh kann man danach noch Cormac's Well besuchen. Hier soll der Legende nach im 3. Jahrhundert nach Christus der Hochkönig Cormac Mac Art geboren worden sein. An der Quelle gibt es einen Stein mit einer Vertiefung, die bei der Geburt entstanden sein soll, als sein Kopf den Stein berührte. Cormac Mac Art schuf die Brehon Laws, die über Jahrhunderte Grundlage des irischen Rechts darstellten.

Würdiger Lebensabend für Esel

Wer liebt sie nicht, die störrischen Langohren? Einst waren sie in Irland in allen Ecken der Insel anzutreffen, galten als treues Nutztier, das zwar ab und zu so seine Zicken hat, aber wer hat die nicht? Man spannte sie vor Karren, brachte den Torf für das Feuer mit ihnen heim, transportierte die Milch und andere Güter vom Bauernhof zu den Märkten und ging sonntags mit ihnen spazieren, nur so zum Spaß, und ließ Kinder auf ihnen reiten. Die Esel gehörten einfach dazu wie das Kleeblatt und die Harfe. Die Tiere waren darüber hinaus – ohne großen Aufwand zu halten – genügsam und sanftmütig, zumindest meistens. Heute taugt der Karren ziehende Esel nur noch zum Postkartenmotiv oder zum »Wanderurlaub mit dem Esel«, bei dem sich das Langohr oft genug denkt, ob die Kurzohren noch

alle Tassen im Schrank haben. Auf jeden Fall aber hat der irische Esel seinen Nutzwert verloren und damit auch bei vielen die Zuneigung.
Dass es auch anders geht, beweist Sue Parling eindrucksvoll auf einer alten Farm, die sie wieder hergerichtet hat, in den Bricklieve Mountains. In Castlebaldwin am Nordende des Lough Arrow weist ein Schild den Weg hinauf in die Berge zur Sai Donkey Sanctuary, einem Altersheim für Esel. Gegründet im Jahr 1991, um älteren, verstoßenen und kranken Eseln einen würdigen Lebensabend zu bieten, werden heute auch Ponys und einige wenige Pferde gepflegt, die mit dem Erscheinen der Traktoren und der modernen Transportsysteme nicht mehr gebraucht wurden. Hier werden sie tierärztlich betreut, gepflegt und erhalten mehr als nur ein Gnadenbrot. Inzwischen ist ein kleines Informationszentrum entstanden, kommen regelmäßig Schulklassen zu Besuch und erfreuen sich Menschen mit einer Behinderung an dem engen Kontakt mit den Tieren. Inzwischen unterstützt auch das irische Ministerium für Landwirtschaft und Ernährung diese großartige Initiative, die hauptsächlich von Spenden und Eselspatenschaften getragen wird. Es bedarf heute mehr denn je auch in Irland solch großartiger Initiativen, die sich um vernachlässigte, bedrohte und abgeschobene Tiere kümmern. Sue Parling hat mit ihrer Sai Donkey Sanctuary ein eindrucksvolles Zeichen gesetzt.

FREILICHTMUSEUM SLIGO FOLK PARK

Vom Truthahn bis zum alten Traktor, vom historischen Zeitungsarchiv über Mrs. Buckley's Little Cottage bis zum Millview House, im Sligo Folk Park in Riverstown, kommen alle, die sich für die ländliche Entwicklung Sligos interessieren, auf ihre Kosten. Im Jahr 1990 setzten sich im hübschen Dorf ein paar Enthusiasten zusammen und fantasierten die Gründung eines Heritage Museums für Sligo herbei. Wie das so ist, wenn Iren zu träumen beginnen, kommt am Ende meistens etwas dabei heraus. 2001 war es dann so weit, keine Geringere als Präsidentin Mary McAleese eröffnete den Sligo Folk Park, der bis heute ständig wächst. Immer neue Gerätschaften werden gespendet, restauriert und ausgestellt. Auch der Freundeskreis wird mit jedem Jahreszeitenfest im Folk Park immer größer.
www.sligofolkpark.com

WEITERE INFORMATIONEN ZU CARROWKEEL – SAI DONKEY SANCTUARY

Carrowkeel Megalithic Cemetary, Bricklieve Mountains, Castlebaldwin, County Sligo, www.carrowkeel.com, www.shee-eire.com, www.megalithicireland.com und Sathya Sai Sanctuary Trust for Nature, Castlebaldwin, County Sligo, (071) 9666196, www.donkeys.ie

41 Donegals Süden

Wanderpolizist kontra Schilderwald

Wandern in Donegal ist ein ganz besonderes Erlebnis. Europas höchste Klippen Sleave League als letzter Punkt vor Amerika bieten dabei abwechslungsreiche Rundwanderwege und faszinierende Aussichten. Nach einem ausgiebigen Wandertag lockt Folkmusik in traditionellen Pubs wie »Leo's Tavern« zum Entspannen.

Über 600 Meter in die Tiefe stürzen sich die Klippen von Slieve League bei Teelin (linke Seite oben), der Wasserfall dagegen wirkt wie ein Bächlein, das den Hügel hinabfließt (linke Seite unten). Die Fischerboote im Hafen von Teelin liegen auf dem Trockenen (Mitte), Peter Boyle stört das wenig, er dreht wie immer seine Runden um das Dorf (unten).

Der Geruch des Windes, der über die Wiesen schwingt. Die Weite der Hügellandschaften, die Geschichten von Pilgern und dem entbehrungsreichen Leben der Bauern erzählen. Das Salz des Meeres, das in der Luft liegt und das Atmen verlangsamt. Man riecht, man sieht, man atmet neu und lässt die Geschwindigkeit der modernen Welt zurück. Hier draußen im Nordwesten Irlands hat der keltische Tiger seine Zähne verloren. In Donegal wandern heißt, noch einmal in die Schule gehen. Eine Schule allerdings, die nicht benotet, belehrt oder bestraft, sondern eine, die durch ihr bloßes Dasein wirkt. Die auf stille Art mit der Sprache der Natur zeigt, dass es eine Welt gibt jenseits von Börsenkursen und Konsumhatz.

In den Bluestack Mountains

Zum Träumen lädt der sanfte Nieselregen nicht gerade ein, der am Startpunkt der ersten Etappe die Blicke auf den von Wolken verdüsterten Himmel verschleiert. Und zum reißenden Strom wie der Orinoko in Venezuela wird der kleine Bach am Wegesrand heute sicher auch nicht anschwellen. Aber wer in Donegal wandert, ist gut gerüstet für solche Fälle. Regenzeug gehört einfach in den Rucksack und stört auch nicht weiter, genauso wenig wie der erste Anstieg zur Hochebene der Bluestack Mountains. Da wird einem gleich warm ums Herz und die Beinmuskulatur kommt in Fahrt, denn der eher schmale Pfad schlängelt sich am Wald entlang durch Geröll und matschige Torftümpel, um die man besser einen Bogen macht. Wenn man sie nicht so gut kennt wie John McGrory. Als Polizist verdient er seinen Lebensunterhalt in der Grafschaft Donegal, ein eher geruhsamer Job. Seine Leidenschaft gehört dem Wandern, und so bringt er den Besuchern auf fuß- und handverlesenen Wanderrouten die archaische Schönheit seiner Heimat näher. Kleine Gags inklusive.

Gymnastik im Moor

Der Bluestack Way westlich von Lough Eske zieht sich auf einer Länge von insgesamt 47 Kilometern von Donegal

Das mit Reet gedeckte Cottage von John Breslin (oben und Mitte). Die Sheep Dog Trials sind Geschicklichkeitsprüfungen für Hütehunde (unten). In Donegal Castle ist die Banketthalle sehenswert (rechts oben). Ardara trägt den Titel Heritage Village, die Bucht und der Kilclooney-Dolmen haben ihn verdient (rechte Seite oben und unten).

Town über den Gebirgszug bis nach Ardara, da sind gelegentliche Lockerungsübungen durchaus willkommen. Wer gymnastisch begabt ist, folgt John auf eines der Felder, die mit ihren kleinen Torfballen-Pyramiden aussehen wie eine verlassene Mondlandschaft. Ist der richtige Platz gefunden, kann das Torfhüpfen beginnen. Mit Sack und Pack auf und nieder, hoch und runter, bis der Moorboden quietscht und sich so voll gesogen hat, dass ein vorsichtiger Abzug angebracht erscheint, wenn man nicht versinken will. Vertieft in gälische Traditionen haben sich in Donegal, Irlands größter Gaeltacht-Region, auch viele Dörfer der Halbinsel bis hinaus zum Rossan Point. Hier ist Gälisch Alltagssprache, das reiche keltische Erbe lebendig, wird noch der »Wake« gefeiert. Bei dieser Form des Übergangs von der Erde in den Himmel wird der Davongegangene zu Hause aufgebahrt, und oft kommen aus allen Landesteilen bis zu 250 Menschen zusammen, um Abschied zu nehmen. Die engen Familienangehörigen beten die Nacht hindurch am Bett des Verstorbenen, trinken zusammen Tee und Sonstiges, singen, tanzen, feiern und freuen sich über die »family reunion«. Auch wenn die Zeiten vorbei sind, in denen selbst viele Iren nicht hierher in den Nordwesten reisten, weil sie die Gegend mit Nordirland und den »troubles« gleichsetzten, ist Donegal noch immer ursprünglicher und anders als der Rest der Republik. Das schließt die Beschilderung der Wanderwege mit ein: »Wir stellen jetzt immer mehr Loop Walks zusammen, diese Rundwanderwege führen zum großen Teil querfeldein über Land, das den Far-

mern gehört. Die sind damit einverstanden, solange man sich umweltbewusst verhält. Und auch mit der Wegemarkierung wollen wir eine Balance finden zwischen ausreichender Orientierung und Erhalt des einmaligen Charakters der Landschaften in Donegal. Einen Schilderwald wird es nirgendwo geben, da setzen wir lieber auf detaillierte Karten«, sagt John. Die führen uns geradewegs in ein fast verlassenes Tal, Eglish Valley. Hier scheint die Zeit stillzustehen, ducken sich vereinzelte Höfe hinter meterhohen Fuchsienhecken, heben Schafe am Horizont ihren Kopf, als spähten die Wächter einer anderen Welt nach Eindringlingen, die es zu vertreiben gilt. Im 18. Jahrhundert lebten hier 300 Menschen, heute sind es nur noch drei Farmerfamilien.

Die höchsten Klippen Europas

Sicher, wer durch Donegal wandert, kommt an den höchsten Klippen Europas nicht vorbei. Sleave League, die »grauen Klippen«, erwandert man am besten von Teelin aus, nach sechs Kilo-

metern bergauf und einem waghalsigen »one man path« wird man belohnt mit grandioser Aussicht und windumwehter Fernsicht, über die Donegal Bay hinweg auf die unendlich erscheinende Weite des Atlantiks. Danach kommt nur noch Amerika. Oder etwa der Glencolumbkille Loop Walk, der den Pilgerstationen des heiligen Columban folgt. Heute aber nehmen wir den Weg um Lake Dunlewey und den höchsten Berg der Grafschaft, Errigal Mountain. Michael McGarrigal führt uns sicher und mit schnellem Schritt, der Finanzmakler ist einer von 20 ausgebildeten Wanderführern, die in Donegal den Gästen die schönsten Plätze zeigen. Auch ihm ist die Liebe zum Wandern ins Gesicht geschrieben, die Aussicht auf den Tagesausklang in Irlands berühmtestem Pub tut ein Übriges. Der idyllische Rundweg um den See und den kegelförmigen Berg beschwört Bilder herauf vom Land der Elfen in Mittelerde.

Lieder zum Träumen

Ganz im Hier und Jetzt steht trotz seines fortgeschrittenen Alters Leo Brennan. Eingekehrt wird am Abend in »Leo's Tavern« in Meenaleck. Der Vater der Clannad-Folk-Gruppe und des Weltstars Enya steht noch selbst jeden Sonntag auf der Bühne und singt von den Schneeflocken, die im Winter in Donegal fallen, von seiner Liebsten, vom »bright star of the west, the land, that Patrick blessed« und alle, Einheimische wie Besucher, die es hierher nach Donegals verschlagen hat, singen ergriffen mit. Was gibt es Schöneres nach einem Wandertag, als den Abend am Torffeuer mit Leos Songs und Balladen ausklingen zu lassen? Darin erklingt die Sehnsucht nach dieser so unverfälschten Natur, nach der Stille in den Tälern, dem Tosen der Meeresbrandung und dem Flüstern des Windes, der alte Geschichten von Feen und Elfen über das Land trägt. Donegal – einfach wunderbar.

WENN DER ADLER WIEDER FLIEGT

Seit hundert Jahren galten sie als ausgerottet. Das letzte Paar Gold- oder Steinadler, das in Irland brütete, wurde im Jahr 1910 gesichtet. Etwas Besonderes wird nun aus der Grafschaft Donegal im Nordwesten Irlands vermeldet. Dort fliegt eine kleine Gruppe Adler nicht nur, sie brüten auch wieder. Die Gattung Aquila chrysaetos wird auf der grünen Insel wieder heimisch, nachdem man im Jahr 2000 damit begonnen hatte, im Glenveagh Nationalpark die Wiederansiedlung des majestätischen Greifvogels zu wagen. Der Park in Donegal zählt zu den ursprünglichsten Landschaften Irlands, ein idealer Raum, den der scheue und sensible König der Lüfte dringend zum Überleben benötigt. Das Brutpaar ist Symbol zugleich für Donegals Naturschätze und archaische Landschaften, die sich so erfolgreich der Zersiedelung widersetzt haben. Mit einem modernen Besucherzentrum und dem viktorianischen Castle samt Gärten am Lough Beagh ist der Park zum beliebten Ausflugsziel geworden. www.glenveaghnationalpark.ie, www.goldeneagle.ie

WEITERE INFORMATIONEN ZU DONEGAL

Tourist Information, Ballyshannon Road, Donegal, Tel. (074) 9721148, www.donegaldirect.com

Websites: www.donegaltown.ie

42 Inishowen-Halbinsel und Malin Head

Einsame Schönheit Inishowen

Die Halbinsel Inishowen, zwischen Lough Swilly im Westen und Lough Foyle im Osten gelegen, ist eine wahre Schatzkammer für Irlandpuristen. Dass man als »borderland« gilt, weil nur einen Steinwurf übers Wasser entfernt, am Magilligan Point, Nordirland beginnt, stört hier keinen.

Malin Head ist der nördlichste Punkt Irlands, dann folgt nur noch das offene Meer (Mitte). Die alte Maschinerie des Leuchtturms am Dunagree Head (unten). Im Nebeldunst erscheint Malin Head tatsächlich wie der Weltuntergang (rechte Seite unten).

Im Gegenteil, Kooperation ist angesagt. Auf 30 Fahrten hat man die Fährverbindungen zwischen dem irischen Greencastle und dem nordirischen Magilligan ausgebaut. Und wie so oft haben auch hier die Ladys im Sport die Nase vorn. Denn Camogie ist eine ernsthafte Sache, auch wenn es von Frauen gespielt wird. Wie bitte? »Diskriminierung« will man sogleich schreien, doch keine Sorge, eher anders herum wird ein Stock draus. Camogie ist schon über 100 Jahre alt, hervorgegangen aus der Männerdomäne Hurling.

Cross-Border-Camogie

Auf Inishowen ist das kleine Städtchen Carndonagh so eine Frauenbastion mit internationaler Ausrichtung: Crossborder-Camogie. Da es in Donegal nur im Mädchenbereich Spielklassen gibt, mussten die Camogie-Ladies von Carndonagh in der Derry-League mitspielen. Es gab Jahre, da konnten die CCs an der Meisterschaft nicht teilnehmen, weil es keinen Sponsor für die weiten Reisestrekken zu den Spielen gab. Das hat sich zum Glück geändert: »Camogie ist am stärksten im Süden Irlands vertreten, aber auch hier oben bei uns wird es immer besser«, weiß Nuala Lafferty, die aus Inishowen stammt, in Dublin gearbeitet hat, aber wieder nach Inishowen zurückgekehrt ist. Ganze 15 Spielerinnen auf dem Feld braucht es, dazu fünf Einwechselspielerinnen, doch die Carndonagh Ladies haben wieder ein schlagkräftiges Team beisammen und mischen in der Derry-Meisterschaft kräftig mit.

Archaische Moorlandschaften

Doch nicht nur wegen eines Spiels sollte man Carndonagh besuchen, hier steht auch eines der ältesten frühchristlichen Denkmäler Irlands, das St. Patrick's Cross aus dem 7. Jahrhundert. Etwas eigenartig wirkt die Überdachung, doch das muss wohl so sein, um die filigranen Verzierungen vor Wind und Wetter zu schützen. Beidem ausgesetzt ist auch

das Arbeitsmaterial von Mary Doherty, Skulpturenkünstlerin aus Bocan bei Culdaff. Sie durchstreift das Sumpfland ihrer Heimat und sammelt Stämme und Reste der Mooreiche, manche Stämme sind 6000 Jahre alt. Ihre teils abstrakten, teils der Tierwelt entnommenen Holzskulpturen wurden schon auf Ausstellungen in ganz Irland gezeigt. Die Autodidaktin muss das Holz in ihrer Werkstatt drei Jahre lang lagern, bis es bearbeitet werden kann. Inzwischen hat sie 390 Stücke geschaffen, jedes davon ein Unikat und von besonderer Ausstrahlung: »Ich wollte schon immer mit Holz arbeiten. Nachdem meine Söhne herangewachsen waren«, erzählt Mary, »hatte ich mehr Zeit, durch die archaische Landschaft des Moores zu streifen, beim Torfstechen uraltes Holz zu finden aus Zeiten, in denen Irland noch dicht bewaldet war. Dieses Material zu neuem Leben zu erwecken ist eine wunderbare Herausforderung.«

Der nördlichste Punkt Irlands

Das gilt auch für die »Inishowen-100-Route«, weniger wegen der schmalen Küstenstraßen, viel mehr, weil man ständig versucht ist, anzuhalten und die Aussicht zu genießen. Die hundert Meilen lange Rundstrecke um die Halbinsel beginnt in Burnfoot, manch einer bleibt schon hier in »Henry's One Foot Inn« hängen. Über Buncrana, Clonmany und Carndonagh geht es zum Malin Head, dem nördlichsten Punkt Irlands. Spätestens hinter Culdaff an der Tremone und der Kinnagoe Bay bleibt man ein paar Tage, denn die Strände sind überwältigend. Ein gesunkenes Armada-Schiff hat für Taucher seinen Reiz, und am Leuchtturm von Stroove gehen noch heute Schatzsucher mit Geigerzählern den Strand auf und ab. Moville und Muff sind die Endstationen einer Rundreise, die man zumindest etappenweise hier im Grenzland auch zu Fuß zurücklegen sollte.

CURIOSITY AM ENDE DER WELT

Am Malin Head, an der Devil's Bridge, am Hell's Hole und am Leuchtturm Banba's Crown ist man am Ende der irischen Welt angekommen. Vorgelagert nur noch die unbewohnte Insel Inishtrahull. Außer dem »Wee House of Malin«, einer Eremitenzelle, in der einst der Heilige Muirdealach gewohnt haben soll, gibt es nur noch ein paar zerstreute Bauernhöfe, Felsenküsten, Moore und kleine Dörfer wie Slieveban oder Ballygorman. Und Peter McAvenue. Der betreibt einen Curiosity Shop am Malin Head, Irlands nördlichster Landzunge. Braucht jemand einen Schnürsenkel von 1937? Wie wäre es mit einem Kochtopf aus Deutschland, einer Pfeife aus Frankreich oder einem Teepott aus England? Afrikanischer Schrumpfkopf gefällig? Oder eine Untertasse aus … wo zum Teufel ist die Tasse hingekommen? Nur wenn er das Gefühl hat, seine Frau hat wieder »aufgeräumt«, verdüstert sich sein fröhliches Gemüt: »Mich kennt hier in der Gegend jeder. Eine Adresse brauche ich auch nicht, das ist der Vorteil meines Namens«, grinst er. McAvenue, Malin Head eben, kommt immer an. www.malinhead.ie

WEITERE INFORMATIONEN ZU INISHOWEN

Inishowen Tourism, The Diamond, Carndonagh, Tel (074) 9374933, www.visitinishowen.com

Tory Island hat berühmte Maler hervorgebracht, attraktive Landschaftsmodelle und ländliche Motive (Mitte und unten) gibt es genug. Am Hafen werden Menschen und Güter verladen (rechts unten und rechte Seite oben), die kleinen Siedlungen East und West Town sind durch eine Piste miteinander verbunden (rechte Seite unten).

43 Tory Island

Insel im Sturm

Sicher, es gibt angenehmere Plätze auf unserem Planeten, vor allem weniger stürmische als Tory Island. Das 150 Einwohner zählende Eiland zehn Kilometer vor der Nordküste Donegals ist die abgelegenste noch bewohnte Insel Irlands, häufig von peitschender Gischt und tosenden Stürmen belagert. Doch weg will hier keiner. Es reicht den Bewohnern durchaus, dass es eine mehr oder weniger regelmäßige Fährverbindung ab Bunbeg oder Magheraroarty gibt, wenn die Stürme es zulassen.

Streitbarer Priester

Mit Händen und Füßen wehrte sich auch die gälische Gemeinschaft, als die Regierung nach wochenlangen Unwettern, die über Tory Island hinweggefegt waren, im Jahre 1974 beschloss, die Insel dauerhaft zu evakuieren. Die Rechnung hatte man ohne die Gemeinde von Father Diarmuid O'Peicin gemacht, der Gott und die Welt mobilisierte und eine internationale Kampagne anzettelte, an deren Ende die Insel ein Stromnetz, fließendes Wasser, Postdienst und Fähranbindung bekam. Heute leben die Insulaner weniger vom Fischfang als von den Tagestouristen, die sich durch die Stürme trauen. www.toryislandferry.com

Die Künstler von Tory

Neben dem eigenen Dialekt und einer intensiven Pflege gälischer Traditionen haben die Menschen auf Tory Island eine weitere Leidenschaft entwickelt, die sie auf der ganzen Welt bekannt gemacht hat: die Naive Malerei. Die Malergruppe hat sich inzwischen einen international renommierten Ruf erarbeitet, und das, obwohl die Maler von Tory ausnahmslos Autodidakten sind. Begonnen hat alles in den 1950er-Jahren, als der englische Maler Derrick Hill auf der Insel arbeitete. Neugierig schauten die Einheimischen zu und beschlossen: Das können wir besser. James Dixon, Anton Meenan und Patsy Dan Rodgers waren die Ersten, die es mit ihren Gemälden bis nach New York, Paris und London schafften. Heute sind sie gefragter denn je und erzielen stolze Preise. www.oileanthorai.com

Port a'Dun
An Bol Thar

Die Gründung der Queen's University in Belfast geht auf das Jahr 1810 zurück, besonders imposant sind der Botanische Garten und das Palmenhaus (oben). Wo sich die Riesen stritten: Giants Causeway (Mitte). Rokoko im Herrenhaus: Florence Court bei Enniskillen (unten). Am Lower Lough Erne finden die Hausbootkapitäne ihr Revier (rechte Seite).

Nordirland heute: Derry, Belfast und mehr

44 Upper und Lower Lough Erne

Im Land der Seen und Steine

Ein Drittel der Grafschaft Fermanagh ist von Wasser bedeckt. Rätselhafte Vergangenheit und Hoffnung auf eine friedliche Zukunft begegnen einem überall im Fermanagh Lakeland. Rund um den Lough Erne an der unsichtbaren Grenze zur Republik Irland findet man verträumte Landschaften, mystische Inseln, Charakterköpfe aus Stein und höchst lebendige Geschichtenerzähler, die alle düsteren Wolken vertreiben: Selbst tagelanger Dauerregen gerät zum Erlebnis, und die Fische beißen um so besser.

Devenish Island (unten) besitzt einen Anleger für Hausboote (Mitte), bequemer kann man die Klosteranlage von 565 (rechte Seite unten) nicht erreichen. Der weitläufige Lough Erne (rechte Seite oben) hielt auch die Wikinger nicht fern, zweimal verwüsteten sie die Klosterinsel. Nach der englischen Kolonialisierung wurde sie endgültig verlassen.

The »Manor House Hotel« in Killadeas, in zauberhafter Lage direkt am Lower Lough Erne nur ein paar Kilometer nördlich von Enniskillen gelegen, verströmt den Charme Queen Victorias. Hier geht es »very British indeed« zu. Der Speisesaal mit dezenten Holztäfelungen duftet nach Rosenholz und Mahagony, die exquisiten Intarsien, blauen Polster und roten Teppiche und Gardinen verströmen ein 20er-Jahre-Ambiente, in dem das Leben noch mehr war als Jagd nach Geld und Ruhm. Große Fenster geben den Blick frei auf den See, der daliegt wie ein Gemälde von William Turner. Keine lauten Gespräche, keine Hast, dafür Plüschsessel und Silberbesteck. »Do you remember my dear?«, klingt es leise herüber, »It was a lovely time.«

Mondschein am See

Draußen gleitet langsam ein einsamer Schwan über den Lough Erne durch die Dämmerung zu seinem Ruheplatz. Das sich dunkelgrau färbende flache Wasser am Ufer verschwimmt mit der sanftgrünen Landschaft rund um Manor House, riesige Wolken ziehen vorbei und spiegeln sich im tiefblauen See. Das letzte Abendrot färbt das Wasser violett. Die wunderschönen Art-déco-Intarsien funkeln im Glanz des Kerzenscheins und bilden die ideale Kulisse für das nun einsetzende Klavierspiel, selbst die krächzenden Lautsprecher stören da kaum. Was könnte es anderes sein als Beethovens Meisterwerk die »Mondscheinsonate« natürlich. Draußen kommt ein Fischerboot näher und legt an am Steg, drinnen singt die Callas Verdi-Arien, aber die Angler wenden sich ab und machen sich auf den Nachhauseweg, zu Torffeuer und Geschichten von den Lough-Erne-Fischen, die in ihren Erzählungen jedes Jahr größer werden.

In Enniskillen gehört der Pub »William Blake« zu den Legenden. Hier wurde schon 1875 ausgeschenkt (oben und unten). Auch die uniformierten Schüler werden im W. B. dereinst ihren Durst löschen (Mitte). Zwischen Upper und Lower Lough Erne (rechte Seite unten) lohnt sich ein Stopp.

Heilige Steine

Den Friedhof der kleinen Gemeinde Killadeas am Ostufer des Sees sollte man nur bei Tageslicht betreten, denn überall bedecken Efeu, Moos und Gräser die Zeugen der Vergangenheit, da kann so mancher Grabstein zum Stolperstein werden. Die Gründung der Yellow Church geht auf das 8. Jahrhundert zurück, die Mönche jener Zeit führten ein asketisches Leben: Hafermehlbrot, Wildgemüse und Butter zierten ihren Speisezettel. Fleisch gab es so gut wie nie. Dafür war die Getränkekarte reicher bestückt. Von Quellwasser über Gerstenbier, Molke, Met, Wein und Whiskey war einiges zum Durstlöschen vorhanden. Berühmt waren die Killadeas-Mönche für ihre Einsiedlergedichte, die sehr sensibel und mit einem delikaten Touch ausgestattet waren. Der muss irgendwann dann zu delikat geworden sein, denn der heilige Mael Ruain of Tallaght verbot den Mönchen das starke Gebräu: »Solange ich die Regeln bestimme, wird die Flüssigkeit, die gottvergessen macht, hier nicht mehr getrunken.« Ob Bishop's Stone nun ein Wächter über Trinksitten ist oder nicht, sein Doppelgesicht scheint den Übergang vom Heidentum zur Christenheit zu symbolisieren. Auf der einen Seite ein stilisierter Abt mit Kreuz und Glocke als Zeichen seiner Würde, auf der anderen Seite ein großes Mondgesicht mit hervortretenden Augen, wulstigen Lippen und geöffnetem Mund. Die Kelten glaubten, die ganze Kraft eines Menschen liege im Kopf. Sie pflanzten die Häupter der Besiegten auf einen Stock, Auge in Auge sozusagen wurde die Energie übertragen. So entstanden vermutlich auch die großen Köpfe auf den Steinskulpturen. Ein weiterer Stein verdient Aufmerksamkeit, die er heute noch oft bekommt. The Hole Stone wird bei Hochzeitszeremonien benutzt, das Paar kniet nieder, reicht sich die Hände durch das Loch im Stein und bekommt ewiges Glück geschenkt.

Steinkreise und Januskköpfe

Fermanagh und der Lough Erne sind nicht nur ein Paradies für Wassersportler, Angler und Wanderer, sie haben auch Kulturreisenden einiges zu bieten. Steinkreise gehören natürlich dazu. Am Nordostufer des Sees hinter Kesh, am Rande der Sperrin Mountains, liegt der Drumskinney Stone Circle inmitten von Wiesen und Weiden, als wäre es das Selbstverständlichste auf der Welt. In Westeuropa ist dieses Phänomen relativ weit verbreitet, in Irland dagegen konzentriert es sich auf die drei nördlichen Grafschaften Tyrone, Derry und Fermanagh und im Süden auf Cork und Kerry. Und erstaunlicherweise sind die Steinkreise im Norden aus einer größeren Zahl kleinerer Steine errichtet, die im Süden haben eine kleinere Anzahl größerer Steine. Bemerkenswert auch, dass dieser aus 39 Felsbrocken bestehende Kreis aus der Bronzezeit drei Eingänge aufweist und eine Reihe von zwölf Steinen, in einer Linie aneinandergereiht. Das soll damit zu tun haben, dass für die Kelten die Zahl drei von großer Bedeutung war. Ist sie hier immer noch, denn versuchen Sie einmal, den gemütlichen Land-Pub »Denis Monaghan's of the Cross« in der Nachbarschaft der Kultstätte unter drei Pints zu verlassen. Die zahnlose Mary, der singende Bob

und nicht zuletzt Denis himself lassen keinen ziehen unter zwölf Ales altogether. Die zwölfergerade Linie kriegt man dann nicht mehr so genau hin.

Friedhof mit Drive-in

Doch mit John Cunningham, einem der kundigsten Gästeführer im Lakeland, und Gottes Gnaden findet man trotzdem noch die St. Mary's Church und den Graveyard von Kiltierney bei Ederney. Unter der uralten Eibe, unter der sich schon viele Pilger ausgeruht haben, erzählt John dann, dass man hier eine der seltenen Anlagen einer irischen Nekropole, einer Totenstadt aus der Bronzezeit, vor sich hat. Ein einsamer Friedhof, die mit seltsamen, noch nicht entschlüsselten Zeichen versehenen Grabsteine und -kreuze, eine kleine Kirche, unverschlossen, alles hier atmet den Hauch vergangener Jahrhunderte. Und einer Gegenwart, die absurd genug erscheint. Denn John, der sein Auto mitten auf dem heiligen Gelände geparkt hat, hält nicht viel von übertriebener Ehrfurcht: »Den Amerikanern sage ich immer: Ihr habt Banken und Restaurants mit Drive-in, wir fahren mit unseren Autos direkt auf den Friedhof.« Seine Initialen J.C. würden ihm zu einer Hotline nach oben verhelfen, das würde ihm auch keiner im Himmel übel nehmen. Und wie zur Bestätigung geht plötzlich sein Autoradio an, obwohl wir beide noch 20 Meter weiter an der Kirchenmauer lehnen. Und, so wahr ihm Gott helfe, seine Autoantenne, wie er versichert, letzte Woche erst gestohlen wurde.

RÄTSELHAFTES WHITE ISLAND

Die unbewohnte kleine Insel liegt am Nordostende des Lower Lough Erne. Wer die Klosterruine durch das spätromanische Portal betritt, wird mit acht Steinfiguren konfrontiert: Links beginnt die Reihe mit einer Sheila-na-gig, einer Frau mit breitem Lächeln. Die zweite Figur wird als Christus der Evangelist gedeutet. Gefolgt von einer Christusfigur mit Glocke und Hirtenstab. Die vierte Statue könnte König David darstellen. Als fünfte Skulptur schaut uns Christus als Gott und Mensch in die Seele. An sechster Stelle folgt eine Christusfigur als Erlöser. Die siebte Figur hat weder Gesicht noch Körperformen, und die letzte ist ein griesgrämiger Kopf. Sie schauen uns an, als prüften sie unsere Absichten, unsere Toleranzfähigkeit, unsere Friedensliebe. Schaurig-schön und geheimnisvoll.
www.megalithicireland.com

WEITERE INFORMATIONEN ZUM FERMANAGH LAKELAND

Tourist Information, Wellington Road, Enniskillen, Tel. (028) 66323110, www.fermanaghlakelands.com
Unterkunftsempfehlung: »Fermanagh Lakeland Lodges«, Aghnablaney near Boa Island, County Fermanagh, Tel. (028) 68631957, www.fermanaghlakelandlodges.com
Websites: www.belleek.ie, www.manor-house-hotel.com

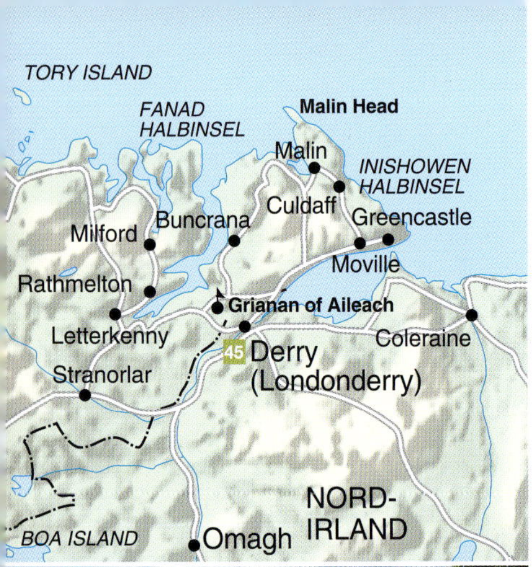

Die St. Columb's-Kathedrale in Derry war die erste Bischofskirche, die nach der Reformation auf den britischen Inseln erbaut wurde (Mitte). In der Bogside wird Geschichte lebendig (unten). Derry am River Foyle wirkt heute modern (rechte Seite oben links), an der Craigavon Bridge mahnt ein Denkmal zur Versöhnung (rechte Seite oben rechts).

45 Derry

Derry und die Dachse

Nordirlands zweitgrößte Stadt Londonderry am River Foyle gelegen, oft abgekürzt Derry genannt, wirkt auf den ersten Blick überschaubarer und gemütlicher als Belfast, hat aber dank der offensiven Aufarbeitung konfliktreicher Vergangenheit nicht weniger zu bieten als die Metropole. Bunte Häuserzeilen und eine mächtige Stadtmauer prägen das Bild einer Stadt im Aufbruch.

Touristen können sich heute überall frei und sicher bewegen, auf der Mauer, in der Mauer, unter der Mauer und auf der anderen Seite der Mauer, in der Bogside, dem einstigen »no-to-go-land«. Auch hier versteckt man nicht mehr die blutige Vergangenheit, sondern zeigt sie, um daraus zu lernen. Derry ist, ähnlich wie die große Schwester am Lagan, eine junge Stadt. Rund 45 Prozent der 100 000 Einwohner sind unter 25 Jahre, Universität, Shoppingcenter und die lebhafte Innenstadt rund um den Diamond, den rechteckigen Hauptplatz inmitten der vollständig erhaltenen Stadtmauer aus dem 17. Jahrhundert, verleihen ihr eine fast unbeschwerte Atmosphäre.

Vergangenheit als Mahnung

Die jedoch immer wieder unterbrochen wird durch Erinnerungen an die »troubles«, die auch in Derry ihre unauslöschbaren Spuren hinterlassen haben. Längst sind die Bogside und ihre Murals zur Touristenattraktion geworden, man mag davon halten, was man will. Das Denkmal zum Bloody Sunday und die vielen Wandgemälde zu den Civil Rights und dem »freien Derry« machen dennoch betroffen, aber vielleicht hilft das ja mehr als alle politischen Sonntagsreden zusammen, egal aus welcher Ecke sie kommen. Zum Glück gibt es inzwischen auch viele positive Signale. Im »Badgers«, dem Pub der »Dachse« trifft sich Jung und Alt, katholisch oder protestantisch, ohne sich in den eigenen Bau zurückzuziehen. Ein neues Bloody-Sunday-Museum wurde eingerichtet, es gibt Touren durch die Bogside und überall den Wunsch, in Frieden miteinander zu leben.

Taube als Symbol

An vielen Häusern und Gebäuden prangen keine Parolen mehr, sondern die bunte Welt der Konsumträume. Eine bunte Friedenstaube an einer Hauswand am Eingang zur Bogside, von Schulklassen beider Konfessionen gemalt, zeigt, wie man aufeinander zugeht. Kompro-

missbereitschaft ist kein Fremdwort mehr, selbst die Orange Boys, die zu Tausenden jedes Jahr die Stadtmauer während der Oraniermärsche entlangziehen, waren bereit, ihre Anzahl zu reduzieren, um die Katholiken nicht übermäßig zu provozieren. Besonders der Bereich rund um das neue Besucher-Informationszentrum am Foyle wirkt einladend und offen, wie die Mauer selbst ja auch im Laufe ihrer Geschichte immer wieder neue Tore hinzubekam. Derry rühmt sich, heute Gastgeber des größten Halloween-Festes in Irland zu sein und genießt auch als Kulturzentrum einen guten Ruf.

Im Zeichen der Versöhnung

Walled City Festival, City of Derry Drama, Maiden City oder Foyle Film Festival, der Veranstaltungskalender ist ähnlich reich bestückt wie in Belfast. Und wer am Derry Playhouse vorbeikommt, dem derzeit kreativsten Kulturzentrum der Stadt, und das Glück hat, die Theaterversion von »Days like this« live erleben zu können, der sollte ruhig seine letzten Pfunde für ein Ticket zusammenkratzen. Ein junger nordirischer Protestant trifft einen jungen nordirischen Katholiken, sie lernen sich kennen, lernen, sich gegenseitig zu tolerieren und zu achten. Im Hintergrund läuft natürlich der Morrison-Song: »When no one steps on my dreams there'll be days like this.« Auch das Tower Museum ist einen Besuch wert. Direkt an der Stadtmauer im Herzen der Altstadt gelegen, zeigt es nicht nur die bewegte Geschichte von den geologischen Ursprüngen über die »troubles« bis in die heutige Zeit, sondern jetzt auch eine zweite interessante Ausstellung, die Armada Shipwreck Exhibition. Dabei geht es um die Entdeckung und Bergung eines der größten Armada-Schiffe, der »La Trinidad Valencera«, die 1588 vor der Küste gesunken ist. Der Derry-Tauchclub hat sie 1971 entdeckt, mit Unterwasser-Archäologen wertvolle Gegenstände und Artefakte geborgen und zu einer interaktiven Ausstellung aufbereitet. Nicht umsonst gilt das Tower Museum in Derry als eines der modernsten in Europa. Es wurde mit dem irischen, dem englischen und dem europäischen Museumspreis ausgezeichnet. Ein gelungenes Zeichen für den nicht mehr umkehrbaren Friedensprozess.

INTERMEZZO IN DEN SPERRINS

Auf dem Weg nach Londonderry bietet sich in den Ausläufern der Sperrin Mountains ein Zwischenstopp an. Hier kann man die Hügellandschaften und Heidemoore entdecken, die in den Gedichten des Literaturnobelpreisträgers Seamus Heaney, der hier am Fuße der Sperrins aufwuchs, so eindrucksvoll beschrieben sind. Heaney wurde 1995 die höchste literarische Ehre zuteil, just in jenem Jahr, in dem auch Morrison seinen Song »Days like this« herausbrachte. Der Ginster blüht in den Sperrins das ganze Jahr hindurch, die Luft riecht nach Torf, Ringelblumen und Farnkraut. Wenn am Abend die Nebel wie Wanderer durch den Glenshane Pass schleichen, die letzten Sonnenstrahlen vertreiben und ihre Fühler ausstrecken nach Torffeuern in verborgenen Tälern, dann wähnt man sich im fernen Lande Kaledonien, in Harmonie und Stille. Saxofonklänge und Gedichte von Seamus Heaney durchziehen den Kopf. Windumwehte Moore, kleine Flusstäler, Steinkreise und einsame Pfade durch Riedgras und Moos, was will man mehr: »When no one's in a hurry there'll be days like this« www.sperrinstourism.com

WEITERE INFORMATIONEN ZU DERRY

Derry Visitor & Convention Bureau, 44 Foyle Street, Derry, Tel. (028) 71267284 www.derryvisitor.com

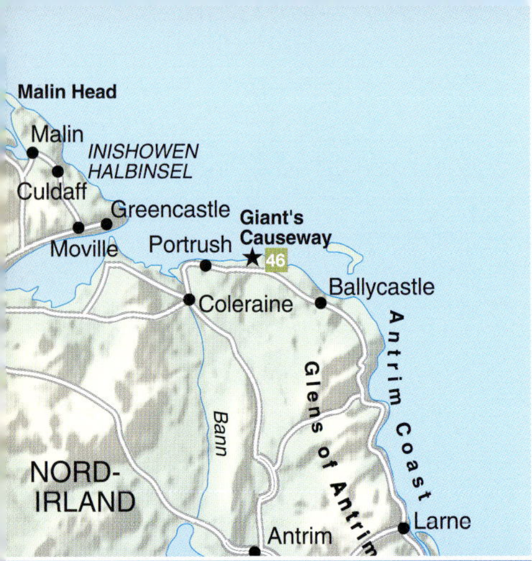

Im Sommer locken die Basaltformationen des Giant's Causeway zum ausgiebigen Sonnenbad (Mitte), bei stürmischem Wetter lässt man die Füße besser im Trockenen (unten). Die Klippenlandschaft der Causeway Coast (rechte Seite unten) bietet Wanderern spektakuläre Wege.

46 Giant's Causeway

Wettstreit der Riesen

Das wohl größte Naturwunder Irlands, vor 60 Millionen Jahren entstanden, ist zum Glück nur in der Hauptsaison überlaufen. Gerade im Frühjahr und im Herbst bieten die bis zu 15 Meter hohen Basaltsäulen ein dramatisches Küstenpanorama mit großartigen Wolkenzügen und milde umschmeichelndem Licht, das die ganze Szenerie wirklich riesenhaft erscheinen lässt.

Natürlich gibt es eine Menge geologisch-naturwissenschaftlicher Theorien und Studien über die Entstehung des Giant's Causeway, der heute zum Unesco-Weltnaturerbe zählt. So soll sich eine dicke Schicht an Basaltlava über eine Kalkformation ergossen haben und beim Abkühlen dann die gesteinstypischen, sechseckigen Schrumpfungsrisse entstanden sein. Durch Erosion, Wind und Wetter kamen dann im Laufe der Zeit die Säulen an die Oberfläche. Basaltstrukturen hin oder her, es gibt nicht wenige, die von der mythologischen Entstehungsgeschichte mindestens genauso überzeugt sind.

Finn und der Schotte

In längst vergangenen Zeiten nämlich trieb sich an der irischen Nordküste ein Riese namens Finn McCool herum. Oft schaute er übers Meer nach Schottland, denn dort lebte Benandonner, sein größter Rivale. Viele Geschichten hatte Finn schon von dem schottischen Ungetüm gehört, von seiner Stärke, seiner Tapferkeit und einem unbeugsamen Mut, der alle Feinde in die Flucht schlug. Finns Heldentaten waren auch nicht von schlechten Eltern, so reizte es ihn, dem Schotten zu zeigen, wer der größte und der stärkste Riese auf der Welt war. Da sie sich noch nie begegnet waren, lud Finn den Schotten zu einem Entscheidungskampf ein. Natürlich gab es kein Boot, das groß genug war, um einen Riesen übers Meer zu bringen. So baute Finn aus Felsen einen Damm, damit Benandonner trockenen Fußes übersetzen konnte und keine Ausrede mehr hatte. Wie auch immer, als Big Ben erschien, bekam es Finn mit der Angst zu tun, denn sein Rivale war furchterregender, als er vermutet hatte.

Weibliche List

Er floh in seine Höhle und bat seine Frau um Rat. Oonagh, äußerst praktisch veranlagt wie so viele irische Frauen, verkleidete Finn als Baby, legte ihn in einen Holzkasten und befahl ihm, sich schlafend zu stellen. Ben erschien, Oonagh

lud ihn zum Tee ein, bat aber um Ruhe, denn Finns Sohn schlafe gerade. Als Ben sah, welch kräftiger Kerl da schlummerte, ergriff er die Flucht, denn wie mächtig musste da erst sein Vater sein? Und hinter sich brach er den Damm ein, damit Finn McCool ihm ja nicht folgen würde. So entstand Giant's Causeway.

Wandern an der Riesen-Küste

Steine schleudernde Riesen werden Ihnen hier keine mehr begegnen, im Gegenteil: Die Herzlichkeit und Gastfreundschaft wird Sie beeindrucken, selbst an gut besuchten Tagen hat der Parkplatzwächter ein freundliches Lächeln übrig, die Dame im Besucherzentrum einen Scherz auf den Lippen und das Wetter ein paar Sonnenstrahlen übrig. Der Weg vom Parkplatz zum Causeway hinunter ist in einer Viertelstunde leicht zu bewältigen, wer aber Fotos für das Familienalbum braucht, sollte den Weg zur Spitze der nordöstlich gelegenen Landspitze nehmen, und nach nur zwei Kilometern hat man von dort einen wunderschönen Blick auf Giant's Causeway und in der anderen Richtung auf die Küstenlinie bis zurr Inishowen-Halbinsel. Wer etwas länger Zeit hat, wählt den Küstenpfad über Port Reostan zum Benbane Head und Hamilton's Seart, einem ausgezeichneten Aussichtspunkt. Unterwegs kommt man an der Orgel, der Harfe und den Augen des Riesen vorbei, allesamt Namen imposanter Basaltsäulen, die durch ihre Form und Größe immer wieder die Fantasie beflügeln. Etwas weiter östlich thront die Ruine von Dunseverick Castle aus dem 16. Jahrhundert hoch oben auf den Klippen, von dort kann man Ausschau halten, ob Benandonner nicht doch neuen Mut gefasst hat und Finn eins auswischen will. Dann sollte man nicht im Wege stehen, wenn die Felsbrocken fliegen.

BUSHMILLS WASSER DES LEBENS

Ob Finn McCool ein besonders durstiger Riese war, ist nicht überliefert. Heute bräuchte er sich jedenfalls um das Wasser des Lebens, das ihn für jeden Kampf stärkt, keine Gedanken zu machen, denn die Bushmills Distillery ist nur einen Steinwurf entfernt. Den Weg könnte er mit einem einzigen Riesenschritt erledigen. Die erste offizielle Lizenz zum Whiskey-Brennen von 1608 macht Bushmills zur ältesten Brennerei Irlands, wahrscheinlich sogar zur ältesten weltweit, unter den legalen zumindest. Die ausschließlich aus irischer Gerste, Hefe und Wasser des St. Columb's Rill, einem Nebenbach des River Bush, gebrannten Bushmills Malt kann man nach einer Brennerei-Tour durch 400 Jahre Whiskey-Tradition auch verkosten. Oder den nur in geringen Mengen produzierten Single Malt Coleraine mit nach Hause nehmen, der sicher auch zu Finns Favoriten gezählt hätte.
www.bushmills.com

WEITERE INFORMATIONEN ZUM GIANT'S CAUSEWAY:

Giants Causeway Visitor Centre, 44 Causeway Road, Bushmills, County Antrim, Tel. (028) 20731855,
www.giantscausewaycentre.com

47 Antrim Coast

Traumstraße im Norden

Wer hat schon die Namen Ballygalley, Cushendall und Waterfoot gehört und dabei vielleicht an den Grand Canyon gedacht? Diese Orte aber gehören zur atemberaubenden Küstenstraße im kleinen County Antrim. Über gewaltige Cliffs, durch bildhübsche Dörfer und die sanften neun Glens, die Täler von Antrim, schlängelt sie sich den Nordwesten hinauf.

Die Antrim-Coast-Route gilt als die schönste der britischen Inseln, gebaut zwischen 1832 und 1842. Zehn lange Jahre für 70 Kilometer durch eine Landschaft, die zuvor von der Welt vergessen war. Die malerischen Namen der Glens of Antrim wie »Tal der Hecken«, »Königin der Glens« oder »Tal des Huflattichs« künden von friedvoller Ruhe. In Larne, nördlich von Belfast, startet die Route, immer mit Blick auf die Irische See, führt über das sympathische Ballycastle, das seit 1606 einen der ältesten Märkte des Landes abhält, die Ould Lammas Fair bis hinauf zum beliebten Badeort Portrush.

Reiseliteratur in Larne

Natürlich kann man die Tour entlang der Antrim-Küste auch in Carrickfergus beginnen und sich dort das Castle ansehen, das auf dem Felsen thront und eine der imposantesten Burgen Irlands darstellt, die aber auch 800 Jahre britischen Anspruch repräsentiert. Die Boote im Segelhafen erscheinen winzig neben der mächtigen Burg. So richtig auf Touren kommt man in Larne. In dieser Bucht ankerten schon Wikinger, Römer und Anglo-Normannen. Das 18 000-Einwohner-Städtchen gilt auch als Tor zu den neun Glens: Glenarm, Glencloy, Glenariff, Glenballyemon, Glencorp, Glenaan, Glendun, Glenshesk und Glentaisie. Alles Glen easy? Heute bezieht Larne seine Bedeutung hauptsächlich aus dem Fährhafen, hier treffen die Passagier- und Frachtschiffe aus Schottland ein. Außer dem Kulturzentrum Carnegie Centre hat Larne nicht übermäßig viel zu bieten, und wie das bei Fährhäfen nun mal so ist, überwiegt hier schmucklose Industriearchitektur. Warum dann hier halten? Ganz einfach, Larne hat eine bestens bestückte Touristeninformation, in der man sich mit allen nur erdenklichen Broschüren, Karten und Ausflugstipps zur Antrim Coast Road eindecken kann. Auch der Videofilm über die Geschichte und die Sehenswürdigkeiten entlang der Küste und in den Glens ist eine ausgezeichnete Einstim-

An der Antrim Coast gibt es zahlreiche unberührte Buchten, die Whitepark Bay (linke Seite) ist ein schönes Beispiel dafür. Portbraddan ist ein kleiner Weiler östlich des Causeway (Mitte), und die Carrick-a-Rede-Hängebrücke hat noch jeden ins Schwanken gebracht (unten).

Die Causeway-Basaltküste geht an der White Rock Bay (oben) bei Portbraddan (Mitte) in helle Kalksteinformationen über. An der White Rock Beach dominieren die Kreidefelsen (unten). In Carnlough findet man auch am Hafen die weißen Kalksteinhäuser (rechte Seite oben). In Dunluce Castle herrschten im 16. Jahrhundert die McDonnells (rechts unten).

mung auf das, was einen auf einer der schönsten Küstenstraßen der Welt erwartet.

Auf dem Weg nach Ballycastle

Gleich hinter Larne beginnt das Problem: Fahren oder aussteigen? Diese Entscheidungsnot wird einen während der ganzen Strecke begleiten und führt häufig dazu, dass man den beabsichtigten Zeitplan über den Haufen wirft und kurzerhand den Urlaub verlängert. Zwar ist die Küstenstraße keineswegs mit Parkplätzen zugepflastert, sie hat aber immer noch so viele Haltemöglichkeiten und Aussichtspunkte, dass schon bei Ballygalley der Etappenplan durcheinander gerät. Manch einer lässt sich schon hier zu einem Abstecher ins Landesinnere verleiten, zieht doch in der Nähe von Ballynmena der Berg Slemish – die Überreste eines Vulkans – die Besucher an. Kein Geringerer als der heilige Patrick soll hier als Diener sechs Jahre lang Schafe gehütet haben. Über Glenarm, das älteste Dorf in den Glens und seit 1750 Familiensitz der MacDonnells, derzeit lebt der 14. Earl of Antrim in Glenarm Castle, gelangt man ins hübsche Hafenstädtchen Carnlough, das mit seinen zahlreichen Kalksteinhäusern hell und freundlich wirkt. Weiter geht es dicht an der Küstenlinie entlang nach Waterfoot. Der Name ist Programm, denn Waterfoot hat einen Sandstrand von über zwei Kilometern Länge, in den noch jeder, der vorbeigekommen ist, seine Füße gesteckt hat. Auch im Glenariff Forest Park steigt man aus und bewundert das klassische Trogtal und die umliegenden Hügel, die der Schriftsteller Thackeray als die »Schweiz im Miniaturformat« bezeichnet hat. Im 1200 Hektar großen Waldpark sind die Ess-na-Larach-Wasserfälle nur einen Kilometer hinter dem Besucherzentrum die Hauptattraktion. In Cushendall zweigt eine kleine Straße von der Antrim Coast Road ab zum Torr Head, von dem aus man an klaren Tagen bis zum schottischen Mull of Kintyre sieht. Von Ballycastle aus kann man mit der Fähre nach Rathlin Island übersetzen oder sich Zeit nehmen, um die Carrick-a-Rede-Hängebrücke zu überqueren, wenn man schwindelfrei ist oder vorher in der Old Bushmills Destillerie ein Gläschen Whiskey zu sich genommen hat. Der Giant's Causeway versteht sich von selbst, danach geht es weiter in Richtung Westen nach Portrush.

Küchendrama in Dunluce Castle

Zuvor aber zieht das imposante Dunluce Castle auf einem Felsvorsprung direkt an

der Küste die Blicke auf sich. Die Burg aus dem 16. Jahrhundert zwischen Portballintrae und Portrush war der Stammsitz des McDonnell-Clans, der bis ins 17. Jahrhundert hinein Antrim regierte. Wie die meisten von den Engländern hier angesiedelten Kolonisten stammten die McDonnells aus Schottland. Von der in der Nähe gesunkenen »Girona«, einem Schiff der spanischen Armada, holte sich Sorley Boye McDonnell die Kanonen, die heute noch auf den Mauern zu sehen sind. Die erbeuteten Goldschätze sind im Ulster Museum in Belfast ausgestellt. Angriffe von Land und Meer aus überstand Dunluce Castle viele, gegen die Natur war die Burg allerdings machtlos. Im Jahr 1639 stürzte ein Teil der Burg samt Küche und Bediensteten hinab in die Fluten. Das war für Lady McDonnell dann doch zu viel, das ewige Tosen des Meeres, die Stürme, die Kälte, jetzt auch noch der Küchenabgang: Man zog nach Glenarm und überließ die Burg ihrem Schicksal.

Powerbeat in Portrush

Nicht nur unter Surfern aus aller Welt genießt der drei Kilometer lange Curran-Sandstrand östlich von Portrush, der sich bis zu den Kreidefelsen von White Rocks erstreckt, einen ausgezeichneten Ruf, im Sommer ist hier immer etwas los: Spielkasinos und Spaßbäder, Kirmes und Nippes, Fastfood und Familienunterhaltung in der Waterworld reihen sich hier aneinander. Der Badeort ist bei Erholungsuchenden aus Belfast und Derry genauso beliebt wie unter den Studenten der nahen Universität von Coleraine. Selbst aus Dublin kommt das Partyvolk angereist, denn »Kelly's Complex« gehört zu den angesagtesten Abend-Club-Disco-Locations in ganz Irland. Das reißt sogar die Geister von Dunluce Castle aus ihren Träumen.

RATHLIN ISLAND – KOMMUNIZIEREN MIT DEN TROTTELLUMMEN

Von Ballycastle aus legen die Fähren ab nach Rathlin Island. Noch eine Insel, werden manche denken – völlig zu Recht. Ja, noch eine Insel, und die muss auch dabei sein. Schließlich könnten wir uns ohne diese Insel, heute nicht überall auf der Welt mit dem Handy verständigen. Denn am 6. Juli 1898 gelang es Guglielmo Marconi, dem Pionier der drahtlosen Kommunikationstechnik, vom Ostende der Insel erstmals mit drahtloser Telegrafie eine Funkverbindung zum Festland nach Ballycastle herzustellen. Heute bevölkern neben 95 Einwohnern vor allem Tausende von brütenden Seevögeln und Robben Rathlin Island. An den meisten Stellen der elf Kilometer langen und nur anderthalb Kilometer breiten Insel beherrscht urwüchsige Heidelandschaft das Bild. An der Westküste gibt es ein großes Vogelschutzgebiet, in dem man Trottellummen, Papageientaucher und Dreizehenmöwen beobachten kann. www.rathlinballycastleferry.com

WEITERE INFORMATIONEN ZUR ANTRIM COAST

Larne Tourism, Narrow Gauge Road, Tel. (028) 28260088, www.larne.com

Websites: www.antrimhistory.net

Wer möchte sich hier in Antrim an der Whitepark Bay nicht niederlassen, wenn da nicht das Schmelzen der Gletscher wäre? Zumindest die Bewohner der Häuser auf den Klippen können beruhigt in die Zukunft schauen.

48 Glens of Antrim

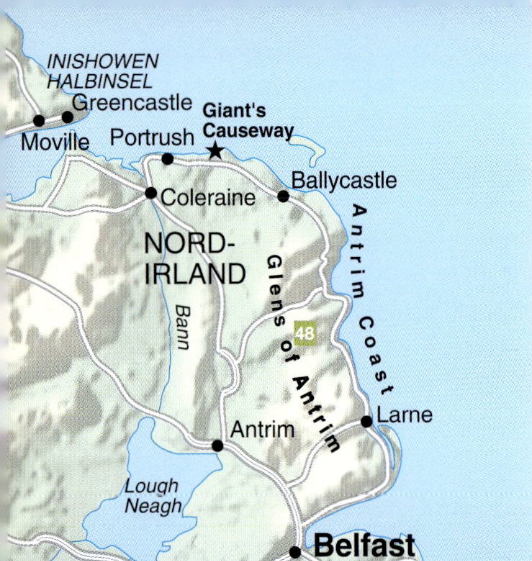

In Cushendun stehen die Häuser unter Denkmalschutz (Mitte). Wen das Steinzeitgrab Ossian's Grave am Glenaan Glen verborgen hält (unten), weiß man nicht, dennn die Ossian-Figur ist eine literarische Fiktion. Cushendall und seine Umgebung (rechte Seite oben und unten) sind dafür umso charmanter in ihrem Puppenstubencharakter.

Als die Eiszeit verschwand ...

Als vor rund 17 000 Jahren die letzte Eiszeit sich auf dem Rückzug befand, hat diese erdgeschichtliche Umwälzung nicht nur Zerstörung hinterlassen, sondern auch Raum geschaffen für Neues. Im County Antrim sind das vor allem neun Täler, Glens of Antrim genannt, die eine abwechslungsreiche Landschaft gebildet haben, wie sie schöner kaum sein kann: Zwischen Glenarm und Cushendun haben sich malerische Gletschertäler in das Plateau gegraben, die sich mit Wasserfällen und Wäldern vom schwarzen Felsbasalt abheben. Kleine Dörfer schmiegen sich an die Hänge, dramatische Küstenabschnitte und einsame Sandstrände glitzern im Sonnenlicht, wilde Wolkenformationen ziehen vom Meer über die Täler hinweg, eine Gegend, für die das Wort märchenhaft ausnahmsweise einmal zutreffend ist.

Panoramawandern um Glenariff

Auf zwei ausgeschilderten Hauptwanderwegen kann man die Glens of Antrim erkunden. Der Ulster Way führt hauptsächlich an der Küste entlang, der über 30 Kilometer lange Moyle Way windet sich vom Glenariff Forest Park über Hügel und Täler nach Ballycastle. Besonders die Strecken rund um Glenariff bieten auf überschaubarem Raum die ganze Vielfalt dieser faszinierenden Landschaft: grüne Täler, bewaldete Schluchten, dramatische Wasserfälle und vom Antrim-Plateau aus herrliche Panoramablicke auf Glenariff und Cushendall. www.northantrim.com

Cushendall – Perle an der Glen Coast

Ein Ort, an dem die drei Täler Glenaan, Glenballyemon und Glencorp zusammentreffen, muss etwas Einzigartiges haben. So zeigt sich das denkmalgeschützte Cushendall mit seiner gotischen und viktorianischen Architektur denn auch von seiner schönsten Seite, wenngleich der Mittelpunkt des Ortes, der Curfew Tower, früher als Gefängnis genutzt wurde. Erst im frühen 19. Jahrhundert begann in Cushendall die moderne Entwicklung, als ein gewisser Francis Turnly, der in Indien viel Geld verdient hatte, 1813 den Ort und die Ländereien erwarb und begann, die Gegend mit neuen Wegen und Straßen zu erschließen, noch bevor die Antrim Coast Road den Ort erreichte. Er legte die Waterfoot Road durch den Red-Arch-Tunnel nach Carnlough an, eine Straße nach Cushendun, baute ein erstes Hotel, zu dem sich später weitere Unterkunftsmöglichkeiten für weniger zahlungskräftige Reisende gesellten. Francis Turnly starb 1845, für die Infrastruktur des Ortes hatte er Unschätzbares geleistet. Noch heute wird im »McCollam's Pub« in Liedern und Geschichten an ihn erinnert. www.cushendall.info

49 Belfast

Blues in Belfast

Die nordirische Hauptstadt Belfast gilt als Boomtown, und tatsächlich hat sie sich von einer eher düster wirkenden Metropole in den letzten Jahren zu einem modernen Zentrum mit internationalem Flair entwickelt. Dazu trägt natürlich auch ein berühmter Sohn der Stadt bei, der Grandpa des Blues, Van Morrison, hilft mit, das Image Belfasts weiter aufzupolieren.

Das einst zweifelhafte Image der Stadt hat sich in den letzten Jahren stark verbessert. Das Hafenviertel zum Beispiel wird neu aufgebaut, ein »Titanic«-Museum entsteht neben Geschäfts- und Bürogebäuden. Mit dem »Odyssey« am Queens Quay verfügt man über einen beeindruckenden Glaspalast am Fluss Lagan, eine modernste Arena, die 10 000 Zuschauern Platz bietet und in der Konzerte, Konferenzen und Events stattfinden, die der Stadt ihren weltoffenen Charakter verleihen. Ein Eishockeyspiel der Belfast Giants dort zu erleben gehört schon zu den Kultevents.

Städtebau mit Festivalkultur

Die touristische Infrastruktur kann sich längst sehen lassen. Der Einwohnerrückgang wurde gestoppt, rund 350 000 Bewohner zählt Belfast inzwischen, die Hälfte davon unter 30 Jahren. Zwei Flughäfen gibt es mittlerweile, Autobahn- und Schnellstraßenanbindung, im Zentrum immer wieder neue Bars und Restaurants, die eröffnen, und Shoppingtempel an fast jeder Ecke. Belfast wirkt tatsächlich äußerst lebendig, jung und modern, nicht zuletzt aufgrund einer ausgeprägten Festivalkultur. Vom Titanic-Fest im April über das alternative Cathedral Quarter Arts Festival im Mai, den zahlreichen Sommerveranstaltungen bis hin zum renommierten Belfast Festival at Queens im Oktober und dem Cinemagic im Dezember, hier ist immer etwas los. Die städtebaulichen Anstrengungen sind rund um die Lagan-Mündung und im Zentrum sichtbar, alles wirkt aufgeräumt und frisch, auf dem Sprung in eine bessere Zukunft. Die Waterfront Hall, das Künstlerviertel am Custom House, die mächtige City Hall, 1888 eröffnet, als Belfast von Queen Victoria die Stadtrechte erhielt, oder der aufwendig restaurierte St. George's Market von 1896, die älteste Markthalle Irlands überhaupt: Boomtown Belfast.

Belfast-Blues

Wäre da nicht die Erinnerung an die »troubles«. Der Bürgerkrieg in Nord-

Das Palmenhaus im Botanischen Garten von Belfast ist ein Meisterwerk aus Glas und Gusseisen (linke Seite). Im Crown Liquor Saloon (Mitte) ist die Zeit stehen geblieben, Holzmobiliar und kleine Nischen bieten gemütlichen Unterschlupf. Murals wie hier in der Falls Road gehören zum Belfaster Alltag (unten), die Parolen reichen von Politik bis Religion.

Die Belfast City Hall (oben und rechte Seite unten) kommt pompös daher. Die Kinder der Falls Road interessiert der Prunk wenig (Mitte). Für Gott und Ulster, Parolen findet man in Belfast häufig (unten). Auch das Stadtwappen erscheint kämpferisch (rechts oben).

Irland hat sich mit bitteren Bildern in die Köpfe gebrannt. Heute aber werden die Vergangenheit und die einschlägigen Viertel bewusst in die Stadtrundgänge integriert. Die irisch-katholische Falls Road, durch die das Kleeblatt weht, gehört ebenso dazu wie die britisch-protestantische Shankill Road mit den Bildern der Queen in den Fenstern. Außerdem ziehen berühmte Persönlichkeiten aus Belfast immer mehr Touristen an. Da ist vor allem ein Musikweltstar, der zwar im Umgang mit den Medien als schwierig gilt, der aber seine East-Belfaster Wurzeln in großartige Songs umgesetzt hat und seiner Heimatstadt regelmäßig mit Konzerten und Besuchen die Treue hält: Van Morrison, der wohl größte weiße Blues-Musiker aller Zeiten. Ein Stadtrundgang auf den Spuren von Van Morrison führt durch East Belfast. An einem kalten, grauen Februarmorgen, nein, es regnet einmal ausnahmsweise nicht, vom blauen Himmel aber auch keine Spur. Du schaust aus dem Fenster und spürst, wie das mürrische Gefühl in der Magengegend aufsteigt. Die Geräusche der Heizungsanlage nerven, draußen jagen zwei Polizeiwagen mit Blaulicht und Sirenengeheul über die Dublin Road, und du fragst dich, wann die verschmierten Fenster zum letzten Mal Putzwasser gesehen haben. »Cleaning Windows« heißt ein Song von Van Morrison, der an die Zeit erinnert, als er sich mit Fensterputzen über Wasser halten musste. Es sind diese Inspirationen aus dem Alltagsleben, die er in betörende Songs umgesetzt hat, in Lieder, die wie »No Religion« und »Days like this« zu Hymnen der Friedensbewegung in Nordirland geworden sind.

Tage wie diese

Im Hof der Elmgrove-Grundschule, die er besuchte, tauchen an den Mauern ganz andere Murals auf, gemalt von den Kindern. Da entsteht es, farbenfroh und friedvoll, das sagenhafte Land Kaledonien mit Schwänen und Prinzessinnen, Feuerdrachen und Zauberern, ein Land, das Morrison mit seiner Musik immer gesucht hat. Ein fast mystischer Platz ein paar Ecken weiter, abseits der Straße im Gebüsch eine 300 Jahre alte Steinbrücke, ein Bach, ein kleiner Wasserfall, an dem er und seine Freunde im Sommer gespielt haben. Im Song »Hynford Street« singt er vom Beechie River »across the river where angels dwell«. Sein Geburtshaus in der Hynford Street 125 schmückt heute eine strahlend polierte Plakette, die Straße selbst hat den Charme einer Arbeiter-Reihenhaussiedlung mit bescheidenem Wohlstand. Ein paar Meter weiter das Bloomfield Community Center, hier hatte Van seine

ersten Auftritte mit den Monarchs. Im Schnellrestaurant »The Bridge« bekam er seine »Bellie Busters«, jene magenfüllenden Pasteten aus Kartoffeln, Zwiebeln und Würstchen, die es heute noch als Belfast Pastrie Supper gibt. An der alten Eisenbahnmauer vorbei, in »Brown Eyed Girl« als Rainbow Wall verewigt, geht es zur Cyprus Avenue. Die imposante, von riesigen Bäumen gesäumte Allee hat er in vielen Liedern besungen, lebten doch schon in seiner Jugendzeit hier die betuchteren Zeitgenossen, für die er Fenster putzen musste und die für ihn eine Art Traumwelt darstellten. Doch Van Morrison geht, wenn er Belfast besucht, lieber ins kleine »Chatter's Cafe« oder ins »Hut« in der Camberlain Street, in dem sich heutzutage der East-Belfaster Arbeiterclub befindet, denn hier trat er einst mit den Four Jacks auf, plaudert mit den Leuten und verschwindet wieder nach Dublin, Wales oder Kalifornien.

Der schlafende Riese

Auch in East Belfast ist der Fortschritt angekommen, es gibt Zuschüsse, um die Häuser zu renovieren und die alten Traditionen in den Stadtteilen neu aufleben zu lassen. Belfast-Blues in Bloomfield: »When all the parts of the puzzle start to look like they fit … there'll be days like this«. Schließlich ist man, egal wo man sich gerade befindet, nirgendwo mehr als fünf Minuten von der Natur entfernt. Das Bergpanorama der Belfast Hills hat schon Jonathan Swift zu seinen »Gullivers Reisen« inspiriert. Und tatsächlich, auf dem Weg hinauf zum Belfast Castle, von dem aus man einen wunderbaren Blick über die Bucht und die Stadt hat, erkennt man das Antlitz des schlafenden Riesen, der noch auf dem Rücken liegt. Er wird sich erheben und wie Van Morrison feststellen: »Es gibt eine Menge positiver Energie hier, die Menschen lächeln mehr, scheinen irgendwie glücklicher.«

BELFAST BOY GEORGE BEST

Manche meinen Fußball sei eine ernsthafte Sache. So ist ein Zitat des legendären Managers des FC Liverpool Bill Shankley überliefert: »Einige Leute halten Fußball für einen Kampf auf Leben und Tod. Ich mag diese Einstellung nicht. Ich versichere Ihnen, dass es weit ernster ist.« Was das mit Belfast zu tun hat? Eine ganze Menge, denn einer der größten Fußballspieler aller Zeiten, der in East Belfast geborene George Best, ist nicht erst nach seinem Tode zur Integrationsfigur der Verständigung geworden. 35 000 Menschen aller Konfessionen und sozialen Schichten begleiteten den Trauerzug im November 2005, als George Best in seiner Heimatstadt beerdigt wurde. Auf dem Platz ein genialer Stürmer, außerhalb kam er zu oft mit dem Leben als erste Pop-Ikone des Profifußballs nicht zurecht. Mit 17 Jahren spielte er zum erstmals für Manchester United. Er wurde zweimal Meister und holte 1968 den Europacup. Sein wichtigstes Spiel, den Kampf gegen den Alkoholmissbrauch, hat er leider verloren. Er starb mit 59 Jahren in einem Londoner Krankenhaus. www.georgebest.com

WEITERE INFORMATIONEN ZU BELFAST

Belfast Welcome Centre, Donegall Place 47, Belfast, Tel. (028) 90246609, www.gotobelfast.com

Website: www.belfastcity.gov.uk

Der Januskopf von Caldragh auf Boa Island ist über 2000 Jahre alt (unten). Das Herrenhaus Florence Court (Mitte) bei Enniskillen wirkt außen nüchtern, innen glänzt es mit verspieltem Rokoko. Nur die Bibliothek und die Angestelltenräume (rechte Seite unten und oben) sind wieder von spartanischer Strenge gekennzeichnet.

50 Florence Court und Boa Island

Edler Stuck und mystische Statue

Das County Fermanagh ist nicht nur sehenswert aufgrund seiner Seen und Flüsse, es hat auch kulturhistorisch einiges zu bieten. Das Herrenhaus Florence Court südlich von Enniskillen ist ein prachtvoller Rokokobau, auf Boa Island am Nordende des Lower Lough Erne steht eine geheimnisvolle janusköpfige Steinfigur.

Das Stadtbild von Enniskillen wird dominiert vom gleichnamigen Castle aus dem 16. Jahrhundert, einer imposanten Festung des Maguire-Clans, der hier an einer strategisch wichtigen Stelle seine Macht manifestierte. Innerhalb seiner Mauern ist heute das Fermanagh County Museum zu Hause, mit Ausstellungen zur Geschichte, Fauna und Flora der Region und ein Royal Inishkillin Fusiliers Museum mit Orden und Kriegserinnerungsstücken. Nur rund zwölf Kilometer südlich der Stadt findet man in herrlicher Parklandschaft ein weiteres architektonisches Schmuckstück, das man sich nicht entgehen lassen sollte.

Rokoko in Florence Court

Das Herrenhaus liegt in einem bewaldeten Park am Fuß der Cuilcagh Mountains und wurde für John Cole, dem ersten Earl of Enniskillen im frühen 18. Jahrhundert erbaut. Es beherbergt heute eine der wichtigsten Sammlungen irischen antiken Mobiliars und die bedeutendsten Stuckarbeiten im Rokokostil der Insel. Das im palladianischen Stil gestaltete Gebäudeensemble mit seinen großzügigen Kolonnaden wurde 1955 durch ein großes Feuer fast völlig zerstört. Der National Trust hat es aber wieder restauriert, und so erscheint es heute in alter Pracht, nachdem viele Gegenstände des sechsten Earl of Enniskillen ihren Weg zurück nach Florence Court gefunden haben. Ein schöner Rosengarten und eine uralte, riesige Eibe runden das behagliche Anwesen ab.

Janusköpfe auf Boa Island

Ein doppeltes Gesicht zeigen die berühmtesten Statuen Fermanaghs und des Lough Erne, die Janusköpfe von Boa Island. Die Insel war in alten Zeiten, als der Erne sozusagen die Wasserautobahn durch Fermanagh bildete, Treffpunkt der keltischen Stammesfürsten, die sich dort an heiliger Stätte trafen, um Frieden zu schließen. Gelegentlich müssen sie sich auch bekämpft haben, denn der Name Boa kommt von der keltischen Gottheit Badhbha, einer der drei Kriegsgötter. Dieser wird auch als Rabe oder Omen des Todes dargestellt. Aber Badhbha

wird auch mit Geburt in Verbindung gebracht. Wie so vieles heute noch, gab es schon in alten nordirischen Zeiten zwei Seiten der Medaille. Jedenfalls sollte jeder, der immer noch nicht verstanden hat, dass nur ein dauerhafter Frieden Nordirland eine Zukunft gibt, eine Nacht auf dem Caldragh Cemetery verbringen und mit Bauer Douglas Rowe reden, dem das Grundstück gehört.

Gedicht von Meister Heaney

Die über 2000 Jahre alten Steinfiguren auf Boa Island haben eine Ausstrahlung, die selbst den nordirischen Literaturnobelpreisträger von 1995, Seamus Heaney, zu einem Gedicht über den Friedhof und die beiden Figuren inspiriert hat: »January Gold« heißt das Werk, denn der Name unseres Wintermonates stammt ab vom doppelköpfigen römischen Gott Janus. »Then I found a two faced stone on burial ground, God-eyed, sex-mouthed, it's brain a watery wound.« Zwei Gesichter, weil die Kelten glaubten, Zwillinge hätten eine besondere Macht. Das Gehirn eine wässrige Wunde, weil am Ende des Kopfes eine Mulde angelegt ist, in der sich Opferflüssigkeit befand und die heute mit dem sich darin sammelnden Regenwasser die Blumen frisch hält, die von unbekannter Hand dort abgelegt werden. Die als aufreizend exhibitionistisch interpretierte weibliche Gottheit soll eine Sheila-na-gig sein, eine vorchristliche Fruchtbarkeitsgöttin, die allein mit ihrer Nacktheit die Feinde besiegte. Der ganze Ort, eingerahmt von wilden Brombeerhecken und meterhohem Gestrüpp, wirkt so weltabgewandt, so zeitlos, dass man sich gut den Kreis der Druiden vorstellen kann, die hier über das Schicksal der Clans berieten.

DICHTER IN ENNISKILLEN

Im 14 000-Einwohner-Städtchen Enniskillen, in dem nicht nur Oscar Wilde, sondern auch Samuel Beckett die Portora Royal School besuchten, von der aus man einen schönen Blick über den Zusammenfluss von Upper und Lower Lough Erne hat, braucht heute keiner mehr auf Godot zu warten. Die Stadt hat vom Super- bis zum Trödelmarkt alles, was das Touristenherz begehrt. Heute lebt man friedlich miteinander. Die einzigen Wandmalereien fordern »Peace now«. Im Buttermarket gibt es Wollpullis und Landschaftsaquarelle, nebenan in der »World Café Bar« tatsächlich Kaffee, der den Namen verdient und im Pub namens William Blake einen legendären Pint of Guinness. Zur Legende geworden ist auch Devenish Island, nur ein paar Kilometer flussabwärts. Der imposante Rundturm und die Ruinen aus dem 6. Jahrhundert des vom heiligen Molaise, einem der zwölf Apostel Irlands, gegründeten Klosters, haben heute ein kleines Museum hinzubekommen.
www.fermanagh.gov.uk

WEITERE INFORMATIONEN ZU FLORENCE COURT UND BOA ISLAND

Florence Court House National Trust, Enniskillen, Tel. (028) 66348249, www.ntni.org.uk
Lusty Beg Island/Boa Island, Kesh, County Fermanagh, Tel. (028) 68632032, www.lustybegisland.com

Auf der wunderschönen Beara-Halbinsel stehen Stechginster und Rhododendron in voller Blüte.

Wenn die Seele zur Ruhe kommt: Abendstimmung am Killary Harbour (oben). Wenn das Tagwerk erledigt ist: Farmer bei Kilfenora (Mitte). Wenn das Heim wartet: Haustür in Westport (unten).

Register

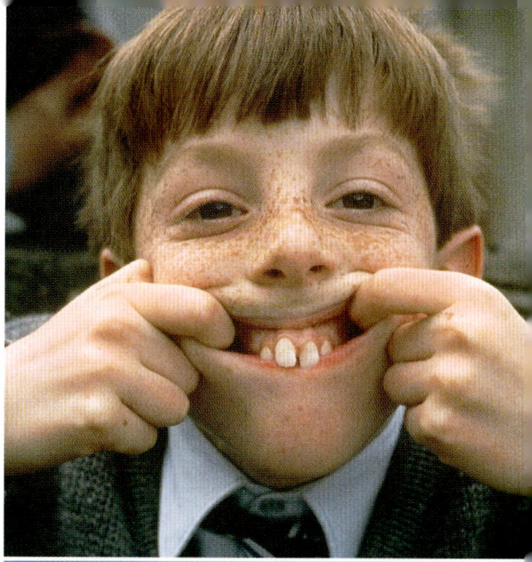

Scherz gefällig? Schüler in Dingle Town (oben). Interesse an Geschichte? Poulnabrone-Dolmen im Burren (Mitte). Symbol gefällig? Fuchsien über alles (unten).

Ein Boot zum Fischfang (oben), ein Haus inmitten wilder Natur (Mitte) und mystische Beschützer wie der Januskopf von Caldragh (unten): Das ist irisches Glück. Okay, nehmen wir noch, zur Sicherheit, ein Kleeblatt in den Hosensäckel. Und ein paar Euro gegen den ..., Sie wissen schon, den verdammten Durst.

Impressum

Unser Gesamtverzeichnis finden Sie unter: www.bruckmann.de

Produktmanagement: Joachim Hellmuth, Susanne Kuhl
Textlektorat: Gisela Wunderskirchner
Graphische Gestaltung: graphitecture, Rosenheim
Kartografie: Astrid Fischer-Leitl, München
Herstellung: Bettina Schippel
Repro: Repro Ludwig, Zell am See
Printed in Italy by Printa Trento

Zuschriften an den:
Bruckmann Verlag,
Produktmanagement,
Postfach 400209,
D-80702 München
E-Mail: lektorat@bruckmann.de

Umschlagvorderseite:
Oben: Rauhe Küstenlandschaft
Mitte: Farmhaus auf Clare Island
Unten: Musiker bei einer Session im Pub
Umschlagrückseite: Upper Lake in Killarney, Schulkinder in Dingle Town, Leuchtturm am Hook Head (v. l. n. r.)
Seite 1: Der Steinkreis von Drombeg
Seite 2/3: Rothaarige Zwillinge
Vordere Klappe: Bunte Pub-Parade in Brandon
Hintere Klappe: Hore Abbey in Cashel

Alle Abbildungen des Umschlags und des Innenteils stammen von Hartmut Krinitz, außer:
Jörg Berghoff: Seite 57 (o.), 63 (o.), 79 (o.), 91 (o.), 95 (o.), 123 (o.), 127 (o.), 133 (o.), 157 (o.); Cinetext Bildarchiv: Seite 97 (o.); Fritz Dressler: Seite 33 (o.), 38, 110 (u.), 113 (u.); Look, München: Seite 42; Picture Alliance/dpa, Frankfurt a. M.: Seite 29 (o.), 31 (r.), 37 (o.), 43 (o.), 47 (l. und r. u.), 50 (l. o. und l. u.), 50/51, 101 (o.), 145 (o.)

Die Deutsche Nationalbibliothek verzeichnet diese Publikation in der deutschen Nationalbibliografie; detaillierte bibliografische Daten sind im Internet über http://dnb-nb.de abrufbar.

ISBN 978-3-7654-5214-7